이창호의 不得貪勝

• 이창호 지음 •

라이프맵

프롤로그

나, 이창호

나는 1975년 7월, 전라북도 전주에서 태어났다.

어느 날 어머니가 밥상을 차리기 위해 솥뚜껑을 열었는데, 그 안에 커다란 구렁이 한 마리가 똬리를 틀고 있었다. 어머니는 소스라치게 놀라 뒷걸음쳤고, 그때 잠에서 깨었다. 용龍도 이무기도 아닌 그저 평범한 구렁이, 그것이 내 태몽이다.

어린 시절 나는 분유회사에서 주최한 전국우량아 선발대회에 나가 입상할 만큼 건강했다는 것 이외에는 별다른 특징이 없던 아이였다. 하지만 1981년, '바둑'이라는 새로운 세상과 조우하면서 내 인생도 변화의 파도를 타기 시작했다.

1984년 8월, 나는 한국이 낳은 당대 최고의 승부사와 사제師弟

의 인연을 맺었다. 그리고 2년 뒤인 1986년 7월, 프로의 관문을 돌파했다. 1989년 최연소로 국내타이틀을 획득했고, 1990년에는 가장 존경하는 최정상의 스승을 상대로 타이틀을 쟁취했다. 이어서 1992년의 최연소 세계타이틀 획득, 1995년 (국회의원 105명의 연대서명으로 추진된) 전례 없는 병역대체 공익근무 등으로 과분한 유명세를 타기도 했다. 그 세월 동안 한국은 바둑의 종주국임을 자부하는 중국과 현대바둑의 판도를 쥐고 있던 일본의 위상을 넘어섰고, 나 역시 바둑에 몸담은 한 명으로서 조금이나마 힘을 보탰다.

2011년, 내 나이 올해로 서른여섯. 30년 가까이 숨 돌릴 겨를 없이 바둑 한 길만을 걸어왔다. 글 읽는 데만 온통 정신을 쏟고 주변을 돌아보지 않는 어리석은 사람을 서치書癡라고 한다는데, 나 역시 바둑 외엔 아무것도 모르는 바보라는 점에서 기치棋癡라고 할 수 있을 것이다.

'최초', '최다', '최고'와 같은 거창한 수식어가 붙는 숱한 명예와 관심과 기대를 받았고, 그에 수반된 많은 혜택을 입기도 했지만, 무엇보다 가장 좋아하고 가장 잘하는 일을 해올 수 있었던 고마운 시간이었다.

혹자는 최근 몇 년 이어진 나의 부진을 두고 "이창호의 전성기는 끝났다"고 말한다. 나의 직업이 평범한 샐러리맨이었다면 아직 한창인 '청년' 소리를 들었겠지만, 조로(早老)는 필연이라는 승부의 세계에 몸담으면서 정신과 육체가 절정에 이르는 이십대를 훌쩍 지났기에 어쩔 수 없는 일인지도 모른다.

하지만 바둑판 앞에 앉아 오랜 시간 수읽기°를 거듭해온 입장에서 나는 이렇게 말하고 싶다. 내 인생의 대국°°은 이제 반환점에 이르렀다고.

바둑은 승부가 전부는 아니며 그 이상의 지고(至高)한 가치가 있다. 그런 생각으로 바둑의 대중화를 위해 내가 할 수 있는 작은 실천을 생각해보게 되었다. 시간도 많이 걸리고 깊은 생각이 필요하기에 감각적이고 자극적인 컴퓨터게임에 익숙한 요즘 아이들은 바둑을 멀리하는 추세지만, 유럽을 비롯해 다른 문화권에서는 바둑열기가 점점 고조되고 있다.

바둑은 인생의 축소판이며 작은 우주다. 또한 어린아이라도 어른과 대등하게 겨룰 수 있는 정신의 스포츠다. 성인이 되기 전에 생각의 힘을 키우기 위해서는 바둑만한 게임이 없다. 두뇌를 발달시켜주고 인내심을 길러주며 예절을 중시할 수 있게 해준다. 뿐만 아니라 경쟁자를 존중하고 스스로를 다스리는 인성 함양에 탁월한 처방이다.

° 바둑에서 앞으로 전개될 변화와 추이를 가늠해보는 일.
°° 바둑에서 전체적인 승부의 형세를 이르는 말(大局). 혹은 바둑승부 그 자체를 일컫기도 함(對局).

지난해, 평생의 반려를 만나고 한 가정의 가장이 되고 보니 자연히 미래의 내 아이들을 생각하게 되었다. 그래서 이 글은 세상의 많은 부모와 아이들에게 들려주고 싶은 바둑 이야기다. 초읽기[●]의 짬을 내어 프로생애의 반환점에서 되돌아본 기사(棋士) 이창호의 기록. 서툰 기억의 조각을 매끄럽게 이어 맞춰준 사이버오로 손종수 상무님 이하 모든 분들께 감사한다.

2011년 8월

이창호

[●] 바둑에서 제한시간(생각시간)을 모두 사용한 이후 착수(着手)시간이 흐르는 것을 초 단위로 대국자에게 알려주는 일.

| 차례 |

프롤로그 _ 나, 이창호 4

 바 둑 을   만 나 다

갤러그와 무적의 형제	15
눈높이 부모님, 영혼의 언덕	17
바둑판 위에 그려진 우주	20
인생 최초의 멘토	24
즐거움이 재능이다	27
칭찬의 효과, 꾸중의 효과	33
배움을 청하다	38
운명의 스승을 만나다	42
한국바둑 내제자 1호	46
천재와 둔재의 기막힌 동거	49
강박과 몰입	52
입단의 기쁨과 이별	58

二. 거인의 어깨 위에서

소년기사, 프로 데뷔   65

본선 물고기가 되다   68

두터운 실리를 추구하다   72

이단의 명인을 만나다   75

복기의 힘   81

양날의 칼, 강박관념   86

첫 번째 사제대결   90

생애 첫 타이틀 획득   94

반상의 황제, 날다   97

숙명의 타이틀, 최고위   101

둥지를 떠나다   104

승 부 는   세 계 로

균형을 발판삼아   113

도전과 응전, 시련과 영광   117

"그래봤자 바둑, 그래도 바둑"   121

세계최강 한국의 깃발을 들다   126

마음을 담은 바둑   129

두터움 속의 민첩함   132

세계를 제패한 스승   138

프로바둑 1호 공익근무요원   146

징크스의 극복   150

고통의 에너지를 불사르다   155

 ## 위 기   속 의   선 택

변화의 물결 앞에서   171

'나' 보다 앞서는 '우리'에 눈뜨다   177

2005년 상하이의 기억   179

대국수의 후예를 상대하다   187

원숭이 왕과의 첫 대결	196
뚝심과 괴력의 하드펀처	204
최후의 결전과 최고의 순간	212
돌부처를 일으키는 힘	220

五. 다시, 원점에 서다

무관의 제왕과 백의종군	229
전진한다면 이들처럼	236
직업병의 명암	250
가시고기를 생각하다	253
함께 밥 먹는 여자	257
씹어 먹듯 책을 읽다	268
용기는 조심성으로부터	273
글씨는 쓰는 사람을 닮는다	275

에필로그 _ 아직 끝나지 않은 승부 281

一. 바둑을 만나다

갤러그와 무적의 형제 | 눈높이 부모님, 영혼의 언덕 | 바둑판 위에 그려진 우주 | 인생 최초의 멘토 | 즐거움이 재능이다 | 칭찬의 효과, 꾸중의 효과 | 배움을 청하다 | 운명의 스승을 만나다 | 한국바둑 내제자 1호 | 천재와 둔재의 기막힌 동거 | 강박과 몰입 | 입단의 기쁨과 이별

不得貪勝

갤러그와 무적의 형제

바둑을 만나기 전의 나는 지극히 평범한 아이였다. 조금 특이한 구렁이 태몽은 내가 프로가 된 뒤에야 비로소 화제가 된 것일 뿐, 유년시절 그 누구도 나를 특별한 아이라고 생각하지 않았다.

그나마 눈에 띈 것은 또래 아이들보다 덩치가 크고 유독 건강했다는 것이다. 왜소한 편인 지금의 내 모습을 보고는 상상이 잘 안 되겠지만, 친한 분들은 가끔, 머리를 너무 많이 써서 다 자라지 못한 게 아니냐고 농담처럼 묻는다. 글쎄, 모를 일이다. 바둑을 배우지 않고 어린 시절의 모습 그대로 성장했다면, 180센티미터가 넘는 키에 몸무게 0.1톤을 넘나드는 당당한 체구를 가진 동생 영호처럼 될 수도 있었을까.

특별히 어떤 사람이 되고 싶다고 생각한 적은 없었다. 어느 날 우연히 바둑이라는 신세계로 빠져들지 않았더라면 씨름선수를 꿈꿨을지도 모른다. 나는 씨름을 좋아했다. 균형 잡힌 체구와 잘 생긴 외모의 이만기 선수가 천하장사로 활약할 당시, 씨름은 최고의 인기 스포츠였다. 나 역시 씨름에 푹 빠져들어 초등학교(전주교대부속초) 2학년 때는 '씨름왕'이 되기도 했고, 모래판 위에서 거의 져본 기억이 없다.

다른 아이들과 어울려 구슬치기, 딱지치기도 했지만 나의 가장 즐거운 놀이는 씨름과 전자오락이었다. 1980년대에 초등학교를 다닌 사람이라면 기억할 것이다. 갤러그와 엑스리온. 나와 영호는 틈만 나면 동네 전자오락실로 원정을 다녔다. 뜻밖에도 이는 아버지 덕분이었다.

아버지는 겨우 유치원에 다니는 꼬마였던 나와 동생을 데리고 전자오락실에 자주 드나들었다. 아버지의 비호(?) 아래 무시로 전자오락실을 들락거린 나와 영호는 곧 요주의 인물로 떠올랐다. 우리는 무적의 형제였다. 달랑 동전 하나 가지고 와서 기계를 차지하고는 하루 온종일 앉아있으니, 전자오락실 주인아저씨에겐 얄미운 경계대상일 수밖에 없었다.

어느 날 평소처럼 열심히 게임을 하고 있는데 주인아저씨가 우리 형제를 불렀다. 영호는 지금도 그때를 회상하면 전쟁영웅이라도 된 것처럼 전자오락실을 평정한 우리의 무용담을 자랑스럽게 늘어놓곤 한다. 그때마다 빠짐없이 등장하는 레퍼토리가 우리를 붙들고 통사정하던 주인아저씨의 바로 이 한 마디다.

"얘들아, 돈 돌려줄 테니 제발 다른 데 가서 놀아라."

나는 특히 갤러그에 열중했는데, 그때 이미 내 마음속에는 강한 승부욕이 자리 잡고 있었던 것 같다.

영호가 100판의 기록을 세우고 자랑하면 진심으로 칭찬해주었다. 그런데 동생이 기특한 건 기특한 거고, 승부는 별개다. 다음 날 나는 150판의 기록을 세워놓고 기다린다. 호승심이 생긴 영호가 기를 쓰고 며칠 뒤 160판을 기록하고 다시 자랑하면, 또 칭찬해주었다. 그렇지만 나는 200판까지는 가야 비로소 마음이 편했다. 아무리 귀여운 동생일지언정, 최고의 기록은 결코 내주지 않았다.

눈높이 부모님, 영혼의 언덕

나는 아버지나 어머니에게 심하게 꾸중을 들은 기억이 없다. 아니, 곰곰이 생각해보면 야단맞은 적이 있었던 것도 같다. 대수롭지 않은 일이었다.

나는 날 때부터 왼손잡이였는데, 어머니는 그걸 고쳐주려고 내가 왼손을 사용할 때마다 몇 번인가 야단을 쳤다. 하지만 그때마다 할아버지는 "그게 뭐 대단한 잘못이라고 나무라느냐? 크면서 저 스스로 자연스럽게 바꿀 수 있으면 바꾸고 그렇지 않으면 그런 대로 괜찮으니 그냥 놔둬라"고 했다.

나는 지금도 왼손을 사용한다. 언젠가부터 바둑을 둘 때만 오른손을 사용하게 됐는데, 그렇게 두는 것이 '상대방에 대한 예의'라고 배웠기 때문이다. 결국 아무런 불편도 없는 양손잡이가 되었다.

어린 시절을 회상하고 가족을 떠올리면 즐겁고 유쾌한 기억으로 가득하다. 어떤 마음의 상처도 없이 맑은 어린 시절의 추억을 간직할 수 있다는 것은 대단한 행운이다. 바로 그런 환경에서, 세상을 긍정의 눈으로 바라보고 모든 일에서 불가능보다 가능을 생각하고 보다 나은 삶을 이끌어내는 힘이 만들어지기 때문이다.

꾸중을 하지 않았다고 해서 부모님이 우리를 무관심하게 방치했다는 말은 아니다. 아버지는 겉보기에는 말수도 적고 무뚝뚝한 것 같지만 매우 다정다감한 성격이었다. 아버지와 곧잘 어울려 전자오락실도 가고 이불을 펴놓고 씨름도 하는 우리를 보며 어머니가 "철부지 부자"라고 혀를 끌끌 차기는 했지만 말이다.

아버지는 우리의 든든한 보호자였을 뿐 아니라 눈높이가 같은 친구이기도 했다. 지금 생각하면 그 눈높이는 아버지가 한껏 몸을 낮춰 우리에게 맞춰준 것이었지만. 나도 언젠가 태어날 나의 아이에게 아버지와 같은 좋은 아버지가 될 수 있을까. 그건 결코 쉽지 않은 숙제일 것 같다.

한편 어머니는 친화력이 좋고 매사 시원시원한 여장부였다. 동생 영호가 나와는 달리 주변사람들과 쉽게 어울리고 좋은 친구를 많이 사귀는 걸 보면 아마도 어머니를 닮은 것 같다.

어머니는 '치맛바람'이란 용어가 만들어질 정도로 자녀교육 열기가 높은 한국의 가정에서 아주 보기 드문 분이다. 어머니는 우리 삼형제에게 학교 공부를 열심히 하라고 야단치거나 스트레스를 준 적이 단 한 번도 없다. 어떤 사람이 돼야 한다거나 무엇을 해야 한다는 강요를 받아본 적이 없으니, 그런 일로 여타의 가정에서 흔히 겪을 수 있는 '수험생 스트레스' 같은 게 생길 일도 없었다.

오히려 어머니는 '어렸을 때는 하고 싶은 거 다 해봐야지. 그 중에서 제가 특별히 좋아하고 즐겁게 매달리는 것이 있다면 그게 재능이겠지' 생각했던 것 같다. 그렇게 자식들이 스스로 제 갈 길을 알아서 선택하고 흔들림 없이 걸어가도록 묵묵히 응원해주었다.

아이에게 성급하게 무엇을 하라거나 무엇이 되라고 강요하지 않았던 부모님. 부모님은 그것이 아이를 위하는 일이라기보다 부모의 욕심과 집착에 불과하다는 것을 알고 있었던 것 같다.

아이의 미래를 좌우할 재능은 어느 곳에 감춰져 있다가 언제 돌발적으로 나타날지 모른다. 가능하면 아이가 스스로 최선의 재능을 찾을 수 있도록, 많은 것을 경험하고 생각할 수 있는 환경을 만들어주는 게 좋다.

보다 중요한 것은 아이에게, 가족이 나를 늘 지켜보고 있다는 믿음을 주는 일이다. 재능이란 가족의 관심과 사랑을 먹고 자라는 나무다. 가족의 관심과 사랑 속에서 자유롭게 자란 아이들은 생각의 폭이 넓어지고 세상을 바라보는 눈도 따뜻해진다. 반면 부모의 조바심으로 어린 시절부터 수많은 학습의 스트레스에 눌려 고통받은 아이들은 편견에 빠지기 쉽고 세상을 부정적인 눈으로 보기 십상이다.

이런 깨달음이 처음부터 있었던 것은 아니다. 나는 그 같은 차이를 치열한 승부세계의 고비고비에서 조금씩 깨우칠 수 있었다. 모든 것은 내 안에 있었다.

바둑판 위에 그려진 우주

바둑을 만난 건, 우연이었다. 평소에도 자주 보았던 풍경인데 그날따라 그림처럼 한눈에 들어왔다. 할아버지가 친구분들과 어울려, 내 눈에도 익숙해진 노란 나무판 위에 하얗고 검은 돌들을 이리 두고 저리 놓고 있었는데, 그게 그렇게 신기해 보였다.

저건 어른들만이 아는 비밀의 세계일까. 나는 도저히 다가갈 수 없는 그런 세계일까. 어떤 어른은 얼굴색이 붉으락푸르락 수시로 바뀌고 또 어떤 어른은 희희낙락 웃음을 감추지 못하는데 도대체 왜 그러는 걸까. 아이들은 알지 못하는 그 신비의 세계를 엿보고 싶었다.

그 시기가 정확하게 어느 때였는지, 사실 나의 기억은 모호하다. 어른들 이야기에 의하면 내가 유치원에 다닐 무렵이었다고 하니까 아마 여섯 살 때쯤이었을 것 같다.

나는 할아버지를 졸라 바둑을 배웠다. 할아버지는 둘째손자인 나를 유달리 귀여워했다. 바둑을 배우기 이전부터 그랬으니, 아마도 내가 바둑에 재증을 보였기 때문만은 아닐 것이다. 무엇 때문인지는 모르겠지만 결국 '바둑'이 할아버지와 나를 더 가깝게 해준 것만은 틀림없다.

물론 처음부터 제대로 된 바둑을 배운 건 아니고 '알까기' 놀이부터 했던 기억이 어슴푸레 난다. 나는 그것이 바둑이라고 오랫동안 철석같이 믿었다.

할아버지는 내가 바둑을 익히기 전에 바둑돌, 바둑판과 친해지기를 바랐던 것 같다. 바둑을 잘하기 위해서는 먼저 바둑을 진심으로 좋아하고 재미를 느낄 수 있어야 한다고 생각한 것인지도 모르겠다.

그 뒤로 오목도 두었다가 차츰 진짜 바둑을 배우기 시작했다. 바둑이 어느 정도 익숙해진 뒤에는 할아버지 시계점의 수리기사 아저씨와 어울려 돌 따먹기, 땅 따먹기를 하곤 했다.

바둑, 어른들만의 신세계로 들어선 그 느낌은 황홀했다. 그것은 마법의 세계였고, 우주의 중심이었다. 세상의 비밀을 다 알아버린 것 같았고 조금씩 시야가 넓어질 때마다 무궁무진한 변화가 샘솟았다. 미로처럼 얽힌 선과 선이 교차하고 풀릴 때마다 나타나는 새로운 수들은 마치 숨겨진 보물을 찾아낸 느낌이었다.

세상에! 이렇게 재미있는 놀이가 있었다니. 바둑을 알게 된 그날 이후로 동네 아이들과 함께 했던 구슬치기, 딱지치기가 갑자기 시시해졌다. 전자오락과 씨름은 계속 했지만 예전과 같은 재미가 느껴지지 않았다.

내 머릿속에는 어느새 큼직한 바둑판이 하나 들어앉았고 모든 생각이 바둑으로 이어지고 있었다. 매끈하고 서늘한 바둑알을 쥘 때마다 내가 바둑알이고, 바둑알이 나 같은 물아일체物我一體의 느낌을 갖게 됐다. 그리고 언제인가부터 동네 아이들 대신 할아버지 곁에 있는 시간이 많아졌다. 할아버지도 처음에는 그저 귀여운 손자의 재롱쯤으로 생각했는데 시간이 흐르면서 나에게 뭔가 더 가르치고 싶어졌던 것 같다.

그때부터 할아버지는 매일 나를 자전거 뒤에 태우고 동네 기원

바둑은 마법의 세계였고, 우주의 중심이었다.

세상의 비밀을 다 알아버린 것 같았고

조금씩 시야가 넓어질 때마다 무궁무진한 변화가 샘솟았다.

미로처럼 얽힌 선과 선이 교차하고 풀릴 때마다 나타나는

새로운 수들은 마치 숨겨진 보물을 찾아낸 느낌이었다.

을 순회했다. 어린이바둑교실이나 바둑도장이 없던 시절이라 아이에게 바둑을 가르치려면 집에서 어른이 직접 지도하거나 동네 기원 같은 곳을 찾아가 '한 수 가르침'을 청해야 했던 것이다.

할아버지는 평일에는 학교에 갔다 온 뒤, 휴일에는 이른 아침부터 나를 데리고 나섰다. 동생 영호는 그 모습이 "무척 부러웠다"고 한다. 둘 다 성인이 된 뒤에야 그 이야기를 듣고서 "아, 그럴 수도 있었겠구나. 괜히 미안하네"라고 했으니 나도 어지간히 둔감한 사람인 것 같다.

인생 최초의 멘토

바둑 두는 아이가 흔치 않았던 시절, 나는 곧 '전주의 명물'이 됐다. 그때는 전혀 의식하지 못했지만 지금 생각해보면 할아버지의 교육법은 상당히 독특했다. 일찌감치 특정 아마추어 강자나 프로기사를 선생님으로 모셔 바둑을 배우게 하지 않고 바둑을 둘 줄 아는 사람이라면 기력棋力의 고하에 상관없이 누구하고도 바둑을 두게 한 것이다.

할아버지는 나에게 많은 사람들의 바둑을 경험할 수 있도록 해주려는 것 같았다. 때로는 기력이 나와 비슷한 사람도 있었고 때로는 소문난 아마추어 강자도 있었는데 훗날 내가 프로가 된 이후 승부에 임해서 틀에 얽매이지 않는 생각의 자유를 누릴 수 있었던 것은, 그렇게 다양한 기력을 가진 사람들의 다양한 사고를 경험할 수 있었기 때문일 것이다.

그리고 내가 바둑을 둘 때마다, 할아버지는 상대에게 일일이 담뱃값이나 찻값, 자장면값을 내어놓았다.

그때 평생을 간직할 교훈 하나가 자연스럽게 내 마음 깊이 새겨졌다. '세상에 공짜는 없다. 크든 작든 중요하든 사소하든 무엇을 얻으려면 반드시 그만한 대가를 지불해야 한다. 그게 세상을 살아가는 바른 법칙이다.'

할아버지는 단 한 번도 내게 "세상에 공짜는 없다"고 이야기한 적이 없지만 몸소 실천함으로써 백 마디의 말보다 소중한 삶의 교훈 하나를 각인시켜준 것이다.

'받은 만큼 돌려주어라.' 할아버지가 말 없는 실천으로 보여준 교훈은 내 마음속에 뿌리를 내려 조금씩조금씩 커졌다. 줄기가 굵어지고 가지가 무성해졌다. 받은 만큼 반드시 돌려주는 할아버지에 대한 기억은, 상대에게 존중받으려면 상대 역시 존중해야 한다는 생각으로 이어졌다. 돌이켜보면 삶에서도 바둑에서도 그렇게 앞길을 밝혀준 할아버지야말로 내 인생 최초의 멘토(mentor)였다.

요즘은 멘토라는 말을 참 많이 듣는다. 주변에서도 그렇고 서점에 들러도 여기저기 진열된 책들의 표지에서 가장 흔하게 눈에 띄는 글자 중 하나가 멘토다.

　그리스의 대서사시 〈오디세이아 Odyssey〉의 주인공 오디세우스의 충실한 조언자의 이름에서 유래했다는 '멘토'는 현명하고 신뢰할 수 있는 상담 상대, 지도자, 스승이라는 의미다. 그런 이름을 세상 곳곳에서 수없이 호명하고 있으니 그만큼 이 세상에 믿고 따를 진실한 스승이 귀하다는 뜻 같다.

　할아버지는 바둑뿐 아니라 내 인생 전반에 가장 큰 영향을 끼친 마음의 스승이다. 무엇인가 곤혹스러운 일에 맞닥뜨렸을 때 '만약 할아버지였다면 이럴 때 어떻게 하셨을까' 하고 차분하게 마음을 가라앉히면 문제해결의 실마리가 잡힌다.

　할아버지를 생각하면 자연스럽게 '보보등고 步步登高'라는 사자성어로 이어진다. 한 걸음, 한 걸음, 더 높이. 아마도 생전에 내게 보여준 것과 꼭 같이, 할아버지의 일생은 그랬을 것이다.

　내 평생의 좌우명 '성의 誠意'가 할아버지의 마음과 같은 것이라면 '보보등고'는 그 마음의 실천과 같은 것이다. 한 걸음, 한 걸음, 더 높이. 그것은 어린 시절부터 내 바둑의 지향점이었으며 할아버지의 마음이 내 가슴에 작은 깨달음으로 와 닿은 어느 날부터 내 인생의 지향점이 되었다.

　나는 지금도 가끔 어린 시절의 그날들을 생각한다. 할아버지는 나를 뒷좌석에 태우고 자전거 페달을 힘차게 밟았다. 햇살은 따뜻했고 바람은 부드러웠다. 자전거가 달리면 꼭 그만큼 빠른 속도로 거리의 모든 사물이 내 뒤를 향해 달려갔다.

할아버지 등에 가만히 뺨을 대고 바라보면 동네 구멍가게, 전자오락실, 양복점, 이발소, 식당들이 일제히 손을 흔들며 빠르게 나를 스쳐 지나가곤 했다. 그 모습은 내 기억 어딘가에 꽁꽁 숨어 있다가 내가 힘들고 지칠 때면 조용히 떠올라 마음을 평온하게 해준다.

나는 아직도 어린 시절 할아버지의 자전거 뒷좌석보다 더 아늑한 요람을 알지 못한다.

즐거움이 재능이다

재능이란 무엇일까. 많은 사람들이 "이창호는 천재"라고 말하지만 나는 스스로 천재라고 생각해본 적이 단 한 번도 없다. 그런 말을 들으면 민망해서 얼굴이 뜨거워진다.

그러나 지금까지 나는 "그렇지 않습니다. 저는 천재가 아닙니다"라고 부인한 적도 없다. 왜냐하면 "바둑을 배운 지 불과 5년 만에 프로가 된 열한 살의 아이를 천재라고 하지 않는다면 누구를 천재라고 해야 하나" 하고 물을 때 적절한 대답을 할 수 없기 때문이다. 또 그런 상황에서 계속 "저는 천재가 아닙니다"라고 주장한다면 자칫 교만이나 위선으로 비칠 것 같았기 때문이다.

사실 나야말로 '천재 한번 되어봤으면 좋겠다'는 심정이 들 때도 있다. 하지만 나는 천재를 자칭하기에 부족한 점이 너무 많다. 바둑을 제외한 모든 부분에서는 보통사람들과 비슷하거나 떨어진다. 초등학교 입학 무렵 지능테스트에서 IQ 139를 기록했으니 머리가 좋은 편이라는 평가를 받을 수도 있겠지만 신문, 방송매체의 화제로 오르내리는 천재, 영재들의 그것과는 거리가 멀다. 기억력도 그다지 좋지 않고 길을 못 찾아 거리를 헤매기가 일쑤고 컴퓨터를 비롯한 기계를 다루는 데는 더더욱 미숙하다.

뿐만 아니라 나름 열심히 노력하는데도 항상 언변이 어눌해 속상한 적이 한두 번이 아니다. 인터뷰를 할 때나 무대에 올라 수상소감을 말할 때는 늘 곤혹스럽다. 공자孔子는 "말을 잘해봤자 그저 남을 막고 미움받을 뿐이니 도통 쓸데가 없다"고 했지만, 나는 아직 나이가 어린데도 재치 있게 말을 잘하는 친구들을 보면 부러울 따름이다. 이러니, 도무지 천재라고 할 만한 비범한 구석이라고는 없지 않나 싶다.

다만, '바둑에 관한 한'이라는 단서를 달면 내게도 몇몇 부분에서 남다른 재능이 있다고 말할 수는 있겠다. 물론 천재와는 거리가 있다. 나의 재능은 그 정도라고 생각한다.

요즘은 천재라는 표현을 너무 쉽게 사용하는 경향이 있다. 어떤 분야에서 특기할 만한 재능을 보이면 금세 천재라는 꼬리표가 따라붙는다. 그런 과장들을 그대로 다 긍정하면 이 세상은 천재들로 넘쳐날 게 틀림없다. 천재란 '어떤 유의미한 행위로써 그가 몰두한 분야의 패러다임을 바꾸고 나아가 세상을 진화시키는 사람'이라고 생각한다.

내가 느낀 바둑의 천재를 꼽으라면, 멀리는 기타니 미노루木谷實 9단과 함께 '신포석'을 주창해 바둑의 새로운 패러다임을 제시한 우칭위엔吳淸源 9단, 그리고 가까이는 선생님(조훈현 9단)과 이세돌 9단이 있다. 이 같은 생각은 나 혼자만의 것이 아니라 많은 동료들과 선후배들의 중론이다.

선생님과 이세돌 9단은 비슷한 점이 많다. 그 중에서도 눈 깜짝할 사이에 돌의 급소를 꿰고 맥을 짚어가는 직관의 힘은 누구도 따라갈 수 없다. 나와는 달리 바둑 이외의 분야에서도 평범하지 않은 적응력을 보여 많은 사람들로부터 "과연 천재들은 뭘 해도 다르다"는 감탄을 끌어낸다.

나 역시 어린 나이에 프로가 됐고 남들이 말하는 최고가 되기도 했지만, 그건 천재였기 때문이 아니라 보통사람들도 누구나 가지고 있는 재능, 이를테면 집중력이나 노력 같은 것을 키워나갔기 때문이다. 또 그것은 결코 나 혼자만의 재능으로 이룬 성과가 아니었다.

나의 성공은 가족의 끊임없는 관심 속에서 내게 가장 이상적인 교육으로 탄탄한 토대를 쌓은 뒤 최고의 스승을 모심으로써 이룰 수 있었던 최선의 결과였다.

대개의 사람들은 천재의 재능을 먼저 발견하지 못한다. 다만 그 행위의 비범한 결과를 보고 비로소 천재라고 부를 뿐이다. 따라서 천재에 대한 고정관념을 버린다면, 다음과 같은 아인슈타인의 말처럼 모든 아이들을 천재로 만들 수 있을 것이다.

"나는 머리가 좋은 것이 아니다. 문제가 있을 때, 다른 사람들보다 좀더 오래 생각할 뿐이다."

어쩌면 내가 가진 최고의 재능은 '즐거움' 이었는지도 모르겠다. 바둑에 관한 한, 주변 어른들의 눈에 비친 나는 싫증을 모르는 아이였다.

아이들은 흔히 주의가 산만하고 재미있는 놀이라도 오래 지속하지 못한다. 바둑은 더욱 그렇다. 손 이외에는 움직일 필요가 없고 대국자 간의 대화가 거의 필요하지 않은 데다 처음부터 끝까지 지속적인 생각(수읽기)을 요구하는 게임이기 때문에 오랜 시간을 한 곳에만 꾸준히 앉아있어야 한다. 잠시도 가만히 있지 못하는 보통의 아이들로서는 견디기 어려운 일이다.

그런데 나는 누구와 대국하든 한번 자리에 앉으면 좀처럼 움직이지 않았다. 바둑판에 파묻히듯 미동도 없이 생각의 세계로 빠져

대개의 사람들은 천재의 재능을 먼저 발견하지 못한다.
다만 그 행위의 비범한 결과를 보고 비로소 천재라고 부를 뿐이다.
따라서 천재에 대한 고정관념을 버린다면,
아인슈타인의 다음 말처럼 모든 아이들을 천재로 만들 수 있을 것이다.
"나는 머리가 좋은 것이 아니다.
문제가 있을 때, 다른 사람들보다 좀더 오래 생각할 뿐이다."

들었다. 사람들은 무엇을 생각하는지 알 수 없는 뚱한 표정으로 바둑판을 바라보는 나의 얼굴을 보며 신기하게 여겼지만 나는 그런 몰입의 시간이 조금도 지루하지 않았고 마냥 즐거웠다.

딱지치기도, 구슬치기도, 전자오락도, 씨름도 재미있었지만 바둑만큼 나를 매료시킨 놀이는 없었다. 바둑을 배운 이후 그런 놀이들은 모두 시시해졌다. 한번 바둑판 앞에 앉으면 도낏자루 썩는 줄도 몰랐다.●

知之者不如好之者, 好之者不如樂之者(지지자불여호지자, 호지자불여락지자). 알기만 하는 사람은 좋아하는 사람만 못하고, 좋아하는 사람은 즐기는 사람만 못하다. 공자(孔子)의 말씀처럼, 즐거움이야말로 누가 억지로 가르치지 않아도 스스로 대상을 찾아 몰입하는 재능이며 그 재능은 모든 사람에게 있다.

내 경우에는 '행운이었다'는 표현 그대로 모든 것이 맞아떨어졌다. 내가 바둑이라는 놀이를 발견했을 때 그것에 지루함을 느끼지 않고 즐겁게 몰입할 수 있도록 알까기, 오목부터 가르쳐준 지혜로운 교육자(할아버지)가 있었고 다른 무엇도 강요하지 않으면서 오로지 사랑과 관심으로 지켜봐준 부모님이 있었다.

● 난가(爛柯). 도낏자루가 썩는다는 뜻. 바둑에 정신이 팔려 세월 가는 줄 모르는 것. 중국 진(晉)나라 때 왕질(王質)이라는 나무꾼이 두 신선이 바둑 두는 것을 구경하는 동안에 도낏자루가 썩어버리고, 마을에 돌아오니 아는 사람이 다 죽었더라는 고사에서 유래한 말.

칭찬의 효과, 꾸중의 효과

미당 서정주는 〈자화상〉이라는 시에서 "스물세 해 동안 나를 키운 건 팔할八割이 바람"이라고 했다. 그렇다면 나를 승부사로 키운 힘은 무엇이었을까. 즐거움을 논외로 하면 나를 키운 팔할의 힘은 '칭찬과 기대'다.

칭찬은 고래도 춤을 추게 한다던가. 요즘 서점을 가보면 리더십에 관한 경영서가 홍수를 이루는데 그 중에서도 상당수가 동료나 부하직원을 칭찬하고 격려하라는 내용을 담고 있다. 설명은 다양하지만 모두 새삼스러운 내용은 아니다.

칭찬과 기대의 효과와 그에 대한 연구는 오래전부터 있어왔다. 학계에서는 그것을 '피그말리온 효과 Pygmalion effect❶'라고 한다.

신화는 요란하지만 내용을 압축하면 간단하다. 조각가 피그말리온이 아름다운 여인상을 조각하고 그 여인상을 진심으로 사랑하자 그 사랑에 감동한 여신 아프로디테가 여인상에 생명을 불어넣어주었다는 얘기다.

이처럼 타인의 기대나 관심으로 인하여 능률이 오르거나 결과가 좋아지는 현상을 말하는데, 심리학에서는 타인이 나를 존중하고 나에게 기대하는 것이 있으면 그 기대에 부응하는 쪽으로 변하

---

❶ 그리스신화에 나오는 조각가 피그말리온의 이름에서 유래한 심리학 용어.

려고 노력하여 그렇게 된다는 것을 의미한다. 특히 교육심리학에서는 교사의 관심이 학생에게 긍정적인 영향을 미치는 심리적 요인이 되는 것을 말한다.

1968년 하버드대학교 사회심리학과 교수인 로버트 로젠탈Robert Rosenthal과 미국에서 20년 이상 초등학교 교장을 지낸 레노어 제이콥슨Lenore Jacobson은 미국 샌프란시스코의 한 초등학교에서 전교생을 대상으로 지능검사를 한 후 검사 결과와 상관없이 무작위로 한 반에서 20퍼센트 정도의 학생을 뽑았다. 그 학생들의 명단을 교사에게 주면서 '지적 능력이나 학업성취의 향상 가능성이 높은 학생들'이라고 믿게 했다.

8개월 후 이전과 같은 지능검사를 다시 실시했는데, 그 결과 명단에 속한 학생들은 다른 학생들보다 평균점수가 높게 나왔다. 뿐만 아니라 학교 성적도 크게 향상되었다. 명단에 오른 학생들에 대한 교사의 기대와 격려가 중요한 요인이었다. 이 연구 결과는 교사가 학생에게 거는 기대가 실제로 학생의 성적 향상에 효과를 미친다는 것을 입증했다.

바둑돌을 처음 쥔 어린 시절부터 지금까지, 나를 이끌어준 성장의 동력도 알고 보면 모두 많은 사람들의 다양한 칭찬이었다. 기억이 어슴푸레한 어린 시절을 회상하면 금세라도 귓전을 스칠 것 같은 목소리들이 들린다.

"아니, 이렇게 어린애가 벌써 이런 수를 안단 말이야? 이야, 고놈 대단하네."

"얘가 언제부터 바둑을 배운 거죠? 뭐? 1년이 안 됐어요? 야, 너 천재구나."

전주에서 할아버지의 손을 붙들고 기원을 순례하면서 많은 사람들과 바둑을 두었던 시절, 대국 상대는 대부분 나보다 나이가 너덧 배 이상 많은 아저씨들이었다. 그 때문인지 이기든 지든, 바둑 내용이나 결과에 관계없이 나에게 쏟아진 것은 모두 칭찬이었다.

나 스스로 선택한 바둑이 좋았고 할아버지의 자상한 인도가 큰 역할을 한 것이긴 하지만 내가 바둑에 싫증을 내지 않고 프로가 될 때까지 계속 즐겁게 둘 수 있었던 것도 그런 칭찬의 효과일 것이다.

진심어린 칭찬과 기대는 정신을 고양시켜주는 힘이 있다. 당시에는 한 번도 이런 생각을 해본 적이 없지만 나와 바둑을 두고 진심으로 나를 칭찬해주었던 그 많은 이름 모를 아저씨들이야말로 어린 시절의 '나를 춤추게 한 사람들'이었다.

또한 나는 바둑 입문 이전부터 할아버지의 각별한 사랑과 보호를 받아왔다. 바둑에 입문한 이후로는 할아버지와 가족은 물론, 전주의 인척과 바둑관계자들의 아낌없는 칭찬과 기대 속에서 성장했다. 프로 입단 이후에는 전국 바둑팬들의 열렬한 성원과 격려가 쇄도했고, 지금도 세계의 많은 바둑팬들이 나의 바둑에 일희일비하며 응원을 보내준다.

비행기나 기차를 타고 몇 시간을 가야 할 만큼 먼 지역에 사는 바둑팬들이 대국 장소로 찾아와 대국이 끝날 때까지 기다렸다가 사인을 받고 기뻐하는 모습을 보면 승부의 시간에 느꼈던 모든 고통들이 한순간에 사라지고 온몸에 기운이 충만해진다. 오늘의 내가 존재하기까지 그런 주변의 기대와 격려, 응원들이 지대한 영향을 끼쳤다는 뜻이다. 나는 칭찬으로 춤추는 바둑고래다. 어제도 그랬고 오늘도 그러하고 내일도 그럴 것이다.

그럼 모든 사람들이 그런 피그말리온 효과를 경험할 수 있을까. 그렇지는 않다. 칭찬이 모든 사람에게 약이 되는 건 아니다. 사람에 따라서 칭찬은 치명적인 독이 될 수도 있다. "소가 먹는 물은 우유가 되지만 뱀이 먹는 물은 독이 된다"고 하지 않던가.

"약 좋다고 남용 말고 약 모르고 오용 말자"는 표어는 의료행위에만 제한된 슬로건이 아니다. 승승장구하던 청년실업가가 주변의 칭찬과 기대에 고무돼 앞만 보고 질주하다가 파산하는 따위의 예는 통속적인 멜로드라마처럼 흔하게 볼 수 있는 게 요즘의 현실이다.

많은 사람들은 산에 오를 때 다양한 길이 있다는 사실을 알면서도 조직사회의 시스템 안에서는 '정상(성공)에 이르는 길은 하나

진심어린 칭찬과 기대는 정신을 고양시켜주는 힘이 있다.

하지만 칭찬이 모든 사람에게 약이 되는 건 아니다.

사람에 따라서 칭찬은 치명적인 독이 될 수도 있다.

"소가 먹는 물은 우유가 되지만 뱀이 먹는 물은 독이 된다."

뿐'이라는 착각에 빠진다. 그것은 신문, 방송, 출판, 인터넷 등 시시각각 리얼타임으로 세상에 깔리는 모든 정보들이 자신만만하게 '내가 옳다'고 주장하기 때문이다.

그런 의미에서 정보의 홍수에 휩쓸려 다니는 현대인은 불운하다. 원하는 정보가 너무 많아서 메뉴를 보고 선택하고 지식을 습득하는 절차를 거쳐 차분하게 소화시킬 겨를이 없다. 출근길 서두르는 샐러리맨이 샌드위치나 햄버거 구겨 넣듯 대충 머릿속에 입력시켜두기 때문에 처음부터 그들이 가진 정보의 신뢰도는 그다지 높지 않다.

사람들이 '성공에 이르는 길은 하나뿐'이라고 착각하는 것은 '성공한 사람'으로부터 그런 정보를 받았고, 현재 자신이 그 정보에 맞춰 성공을 향해 움직이고 있다고 생각하기 때문이다.

그러나 성공에 이르는 길은 산에 오르는 길과 같이 다양하다. 칭찬과 기대의 효과가 있는가 하면 정반대로 꾸지람과 충고의 효과도 있다. 가장 중요한 것은 칭찬이든 꾸중이든 그 효과의 대상이 되는 사람의 의지와 노력이다.

배움을 청하다

나는 전주 설기원의 유형옥 원장님을 비롯해 이광필 사범님 등 전국의 아마강자들에게 적지 않은 지도를 받았는데, 전국대회 우승 전력을 가진 전주의 아마강자 이정옥 사범님에게 배운 바둑은 1천 판이 넘었다. 아울러 할아버지의 독특한 교육법 덕분에 나보다 기력이 약한 사람들과도 무수하게 바둑을 둘 수 있었다.

어쩌면 할아버지는 토끼 한 마리를 잡는 데에도 최선을 다하는 호랑이를 키우고 싶었던 것인지도 모른다. 아무튼 그런 대국은 누구와 겨루든 상대를 얕잡아보지 않고 신중한 태도를 잃지 않는 습관을 기르는, 최선의 방법이었다.

나의 바둑수업이 프로기사 전영선 사범님(당시 7단)에게로 이어진 것은 1983년 여름이었다. 이광필 사범님의 소개로 비로소 처음 프로의 세계에 몸담은 '전문가'와 인연을 맺게 된 것이다.

전 사범님은 내기바둑의 달인이자 '전류田流'라는 독특한 자기만의 색깔을 가진 일류의 프로였다.

바둑보다 술과 자유분방한 기행에 더 깊이 빠져들지 않았다면, 어느 날 문득 미련 없이 놓아버린 세상보다 훨씬 긴 시간을 일류 전문기사로 남았을 분이다.

내 기억 속의 전 사범님은 바둑판에 적당히 집을 지어서 이기는 것보다는 수를 내어 이기는 걸 좋아했다. 내가 수를 낼 수 있는 곳에서 알고도 수를 내지 않으면 그 대국에서 이기더라도 야단을 칠 정도였다. 상대의 급소를 노려 꼼짝 못하게 만드는 수법에 탁월했던 바둑계의 기인다운 가르침이었다.

전 사범님은 처음 나를 보았을 때 그저 심드렁했던 것 같다. 훗날 이야기하기를, 내 첫인상에 특별히 마음에 와 닿는 감흥 같은 것은 없었다고 했다.

"거 왜, 뛰어난 애들은 뭔가 다르잖아. 눈빛이 초롱초롱하다든지 또 대체로 날렵하게 생겼는데, 넌 오히려 좀 둔해 보이는 거라. 솔직히 기재(棋才)가 있다고 느껴지는 구석은 없었어. 처음부터 프로가 될 거라는 확신을 가지고 바둑을 가르친 건 아니었지."

대개 바둑천재들은 유년의 외모도 예사롭지 않으니 충분히 그렇게 여길 만도 하다. 선생님(조훈현 9단)도 그렇고 조치훈 9단도 그랬다. 사진으로만 보아도 어린 시절 그분들의 모습은 확실히 보통의 아이들과 많이 달랐다. 눈빛이 범상하지 않고 얼음처럼 맑고 차가운 기운이 느껴졌다.

나에게서는 그런 천재의 특징이 전혀 보이지 않았을 것이다. 아니, 오히려 외모에서 풍기는 인상만으로는 모든 면에서 천재들의 반대편에 더 가까웠다. 하지만 전 사범님은 둔한 외양에 가려 숨겨진 나의 '특별함' 하나를 알아봐주었다.

"3급을 둔다고 해서 여섯 점을 접고 가르쳤는데 너는 한 판에 두어 수 이상은 예사롭지 않은 수를 뒀어. 특이한 건 그게 '재주가 보이는 수'라고 단정할 수 없는 묘한 수였다는 거야. 처음엔 그런 수들이 대체로 어정쩡하게 보여서 애들답지 않게 패기가 부족한 거 아닌가 하는 생각도 했는데, 결과를 보면 꼭 그렇지도 않았거든. 상당한 수읽기가 필요한 곳에 돌이 가있어서 기분이 묘했지."

재능이 뛰어난 아이들은 두려움이 없다. 다소 무리하게 상대의 세력에 뛰어들어 수를 내는 걸 좋아하고 싸움을 즐긴다. 그런 게 어린아이답다. 그런데 나는 처음엔 맞부딪쳐 싸우다가도 곧 물러서고, 나중에는 어쩔 수 없는 경우가 아니면 좀처럼 싸움을 하지 않았다. 그러면서도 승률은 점점 좋아졌다.

많은 관측자들은 싸움을 회피하는 듯한 내 기풍棋風이 이정옥 사범님이나 전영선 사범님의 영향으로 만들어진 것이라고 말하기도 한다. 실은 전 사범님에게 지도를 청할 무렵부터 그런 나의 성향은 자리 잡혀 있었다. 전 사범님은 어린 시절의 내 바둑에 대해 "질 때 지더라도 자기 바둑을 고집하는 게 마음에 들었다"고 했다.

하지만 공격적이지 않은 나의 바둑은 승부욕이 모자라서는 아니었다. 바둑을 몇 판 내리 져도 다른 아이들처럼 그 자리에서 분한 얼굴을 하지 않고 표정의 변화가 없는 나를 보고 사람들은 '무심한 아이'라고 여겼지만, 사실은 달랐다. 슬쩍 화장실로 가서 문을 잠그고서야 눈물이 뚝뚝 떨어졌다. 남들이 안 보는 곳에서 분을 삭이고 이내 밝은 얼굴로 돌아왔다. 이겼을 때는 오히려 말수가 적어졌다. 프로에게 중요한 마음을 다스리고 절제하는 연습은 이때부터 시작되었던 것 같다.

운명의 스승을 만나다

나는 바둑을 배운 지 2년 만에 해태배 전국어린이바둑대회에 나가 16강에 올라 최연소로 장려상을 탔고, 그 이듬해엔 어깨동무 바둑왕전에서 우승을 차지했다.

이 무렵, 나는 운명의 기로에 섰다. 가족회의에서 "창호가 바둑을 좋아하고 재능도 확실한 것 같으니 프로의 길을 걷게 하자"고 결정한 것이다.

결정이 내려진 뒤 할아버지와 부모님은 나를 일본에서 활약 중인 조치훈 9단의 제자로 보낼지 국내에서 좋은 스승을 찾을지를 두고 고민했던 것 같다. 당시는 일본이 세계 바둑의 중심이었고 한국을 한 수 아래로 내려다보던 시절이었기 때문에 일본 바둑유학이 프로기사들의 엘리트코스처럼 여겨졌다.

그러나 나의 일본유학은 일찌감치 무산됐다. 할아버지와 부모님은 "프로기사로 키우기 위해 아무것도 모르는 어린아이를 일본까지 보내는 것은 너무 가혹한 일"이라고 생각했다고 한다. 그때 나는 혼자서 잠을 잘 못 자는 아이여서 언제나 할아버지, 할머니와 함께 잠을 잤는데 그런 아이를 낯선 타국으로 보내는 일은 아무리 생각해도 안심할 수 없다는 결론이 내려졌던 것이다.

결국 할아버지와 부모님의 '좋은 스승 찾기'는 국내로 선회하게 됐고, 그 무렵 서울과 전주를 오가며 나를 지도해주던 전영선 사범님의 소개로 한국 프로바둑계의 절대강자인 선생님(조훈현 9단)과 3점 지도대국을 갖게 되었다. 지도바둑은 한 달의 시차를 두고 두 판을 두었는데 첫 판은 졌고 둘째 판은 이겼다. 그리고 1984년 한여름에 나는 선생님과 사제의 인연을 맺었다.

바둑의 길에 들어선 후 내 최고의 멘토는 선생님이라고 해야 옳겠지만, 새삼 그렇게 말하고 싶지는 않다. '멘토'가 가질 수 있는 수사들은 이미 '선생님' 그 안에 모두 담겨있기 때문이다. '멘토'는 '선생님'에 대한 호칭 바꾸기에 불과하다. 선생님은 나에게, '선생님'일 때 가장 위대하다.

제자가 어떻게 감히 스승을 평할까마는, 불경을 무릅쓰고 몇 글자 적는다면 선생님은 '당대 최고의 승부사'라고 할 수 있다.

당시의 선생님은 막 서른을 접어든 나이에 프로라고 해도 평생 한 번 기록하기 어려운 전관제패(한 해에 모든 기전 우승)를 두 차례나 이룬 최정상의 프로였다(1986년 3차 전관제패 달성). 이는 한중일 삼국을 통틀어 유일무이한 대기록이다. 그야말로 한국 프로바둑의 '천상천하유아독존天上天下唯我獨尊'이었다고 해도 지나친 표현이 아니다. 하지만 일본은 여전히 한국바둑을 한 수 아래로 내려다보고 교류가 트이지 않은 중국마저도 한국바둑을 얕잡아보고 있는 현실에서, 새로운 돌파구가 될 세계대회의 길은 선생님 앞에 좀처럼 열리지 않았다.

메이저 무대는 요원하고 국내에서는 더 이상 오를 곳이 없는 상황. 돌이켜보면 선생님이 꽤나 외로웠던 시절일 것 같다.

승부사들이 제자를 받는 시기는 대체로 은퇴 무렵이다. 1인자가, 그것도 나이로나 기량으로나 체력으로나 절정에 이른 시기에 제자를 받아들인다는 것은 전대미문이었다. 그 상상하기 어려운 일이 이루어진 것은 전 사범님의 부탁이 워낙 간곡했기 때문이기도 하지만 그보다는 선생님이 느꼈던 정상의 고독함도 한몫하지 않았을까.

선생님이 나와의 첫 만남에서 얻은 인상은 전 사범님과 비슷했던 것 같다. 천재는 주머니 속의 송곳 같아서 감추려 해도 곧 그 재능이 드러나는 법인데, 나는 그런 유형과는 거리가 멀지 않은가. 눈빛은 몽롱하고 다소 뚱뚱한 몸집에서 풍기는 이미지는 뭉툭한 데다 의사표현도 서툴렀다. 가르치지도 않았는데 어깨너머 배운 바둑으로 아버지의 대국에 훈수하고 소년 시절에는 혼자서 세 판의 프로대국을 기록할 만큼 뛰어난 재능을 보인 선생님의 마음에 찰 리가 없었다.

첫 번째 시험기는 선생님이 이겼다. 아이 같지 않은 신중함과 둔할 만큼 느린 행마(行馬)가 특이했으나 선생님의 빠르고 감각적인 기풍과는 정반대의 것이었기에 나에게 특별한 감흥은 없었다고 한다. 아무리 봐도 사제의 연을 맺기에는 어울리지 않는 것 같았을 것이다.

하지만 한 달의 시차를 두고 두 번째 시험기를 위해 전주를 방문했을 때 선생님은 나에 대한 생각을 바꾸었다. 치수(置數)는 첫 번째와 같은 3점이었지만 내용이 달랐다. 한 달 사이에 이전의 대국을 극복할 수 있는 무엇인가를 터득해낸 모습을 보고 주변사람들에게 "늑골을 파고드는 강인한 힘을 느꼈다"고 했다.

선생님은 알 수 없는 그 무엇에 이끌려 나를 제자로 받아들였다. 나에게는 바둑을 만난 이후 첫 번째 운명의 순간이었다. 최고의 전성기를 누리고 있는 현역 승부사가, 그것도 좁은 집에 노부모를 모신 상황에서 아홉 살짜리 아이를 제자로 받아들여 숙식을 함께하며 가르친다는 것은 결코 쉽지 않은 일이었음에도 불구하고 사제의 연을 맺은 것이다. 이는 상황(지루하게 반복되는 군림천하의 고독)과 조건(안개처럼 모호한 재능을 가진 아이에 대한 호기심,

---

- 바둑에서 돌을 놓는 행위. 운석(運石).
- 바둑에서 기력의 차이에 따라 핸디를 정하는 기준.

선생님의 일본유학 시절 내제자 생활)이 절묘하게 맞아떨어진 행운이었다고밖에 생각할 수 없다.

한국바둑 내제자 1호

전주의 가족들에게 나의 서울행은 대단한 사건으로 기억된다. 가족들은 내가 한국바둑의 절대자 조훈현 9단의 제자로 들어간다는 사실을 몹시 기뻐했으나, 또 한편으로는 나의 서울행을 우려하는 마음이 없지 않았다.

사실 나는 겁이 많았다. 왜 그런지 모르지만 유독 혼자 남겨지는 것을 두려워했다. 동생을 위해 상급생 아이들과 싸우는 용감한 소년씨름왕은 낮에만 존재했다. 밤에 잠들기 전에는 할아버지나 할머니 또는 가족 중 누군가가 반드시 곁에 있어야 안심하고 잠이 들었다. 그런 내가 스스로 서울로 가겠다고 결심했으니 가족의 생각으로는 그야말로 대단한 사건이었다.

하지만 어린아이 홀로 서울로 올려 보내야 하는 어른들의 마음은 편치 않았을 것이다. 바둑을 배운 이후 나의 서울 나들이는 심심찮게 있었지만 그것은 할아버지나 아버지가 동행한 며칠 동안의 바둑여행이었지, 가족과 떨어져 나와 살아야 하는 것은 아니었다.

홀로 남겨지는 것을 극도로 두려워하는 아이가 가족과 떨어져 서울에서 사는 일을 결심했다는 것은 그만큼 바둑에 대한 집념이 강했기 때문이라고 생각해도 좋을 것이다. 커다란 모험이었으나 미지의 두려움보다 더 큰 열망이 있었기에 '나 홀로 서울행'을 결심할 수 있었다.

나의 내제자內弟子 입문이 결정되자 화곡동에 살던 선생님은 연희동으로 집을 옮겼다. 나를 가르치기 위해 좀더 넓은 집이 필요했고 또 사모님의 출산도 임박해 급하게 결정을 내렸다. 이사한 지 2주 만에 사모님은 둘째딸을 순산했고, 그 사흘 뒤 내가 서울로 올라와 선생님 댁으로 들어갔다. 정식으로 내제자 생활이 시작된 것이다.

그때까지만 해도 한국바둑계에는 내제자 제도가 존재하지 않았다. 내제자란 일본문화에 깊숙이 뿌리내린 도제徒弟 제도가 바둑계에 접목된 형태로, 스승의 집으로 들어가 숙식을 함께하며 기예를 배우는 제자를 말한다.

선생님은 이 일로 "이제 겨우 서른둘인데 무슨 제자냐", "창호네가 전주의 알부자라던데, 아마 돈이 필요했던 모양이다", "매달 상당한 수업료를 받고, 입단하면 거액의 사례금을 받기로 했다더라"는 등의 말도 안 되는 억측에 시달리기도 했다. 하지만 내제자란 것은 그런 것이 아니다. 선생님이 일본유학 시절 세고에 겐사

쿠 潮越憲作 선생의 내제자로 들어가 아무 대가 없이 가르침을 받았듯이, 나에게 또한 대가 없이 은혜를 베풀어준 것이다.

내가 그렇게 선생님 댁으로 들어섰을 때 불과 몇 년 뒤 우리 사제가 타이틀을 놓고 치열하게 맞서리라고 예상한 사람은 아무도 없었다. 선생님과 나는 물론, 선생님의 가족도 나의 가족도 그 누구도 내가 가까운 장래에 '절대자 조훈현'으로부터 타이틀을 쟁취하리라고는 상상도 하지 못했을 것이다.

"조훈현이 한국바둑 최초로 내제자를 받아들였다"는 소식이 관철동(한국기원 종로회관)에 퍼지자 선생님의 동료들은 일제히 "호랑이새끼를 키워서 나중에 물리는 거 아니냐"며 농담했다. 그때마다 선생님은 특유의 속도감이 배인 목소리로 이렇게 말하며 유쾌하게 웃었다고 한다.

"제자에게 지면 행복한 거지. 그래도 한 10년은 걸릴 거 아냐?"

서울로 올라와 이대부속초등학교로 전학한 나는 이후 선생님 댁에서 7년을 함께 살았다. 나의 방은 2층에 마련됐다. 전주의 집에서도 두려웠던 '나 홀로 밤'은 선생님의 부모님과 함께 자는 것으로 해결됐다. 혼자서 잠 못 자는 나의 버릇을 들어 익히 알게 된 선생님 내외의 자상한 배려였다. 그때부터 나는 사모님을 '작은 엄마'라고 불렀다. 나에게 제2의 가족이 생긴 것이다.

시간이 제법 흘러 혼자 자게 됐을 때도 불을 켜고 문을 열어둬야 잠이 들 수 있었다. 사모님은 처음엔 그걸 모르고 불을 꺼주었는데, 다음 날 아침에는 어김없이 내 방이 환하게 밝혀져있는 걸 발견하곤 했다고 한다. 무언가 막연한 두려움 때문에 불을 켜놓긴 했으나, 오직 바둑 하나의 열망으로 잠들고 깨던 행복한 나날이었다.

천재와 둔재의 기막힌 동거

7년 동안 나는 말썽 한 번 부리지 않고 '없는 듯 있는 아이'로 지냈다. 아마도 바둑을 시작하면서 발현된 '조심성操心性'이 몸에 배어있었기 때문일 것이다.

끝 모를 조심성은 바둑판 위에서만 연출된 것이 아니었다. 조심조심 발끝을 들고 소리 내지 않고 걸어 다녔다. 엄마나 다름없던 사모님은 2층으로 올라가는 내 발소리가 크게 울리는 것을 한 번도 들어본 적 없다며, 내 과민한 조심성에 대해 조금은 서운해 하는 눈치였다.

하지만 그 외의 일상생활에서 나는 좀 무심한 편이었다. 운동화 끈이 풀어져도 다시 맬 줄 몰랐다. 불편한 것도 못 느끼고 누군가 다시 매주기 전에는 그냥 끈이 풀린 채로 다녔다. 지금 생각해보면 모든 주의력과 집중력을 바둑에만 기울이고 있어서, 정작 나를 둘러싼 사람들의 마음이나 환경의 변화는 의식하지도 못했던 것 같다.

나를 늘 살갑게 지켜보고 돌봐주었던 사모님에게도 귀염성 없고 무신경한 아이였다. 나를 위해 일부러 별식을 준비한 날도, 미리 연락도 없이 "먹고 왔는데요" 짧게 답하고 내 방으로 올라가 사모님을 속상하게 만들기도 했다. 감사하고 죄송한 속마음과는 달리, 제대로 표현할 줄을 몰랐다.

나는 한국기원 연구생 5급으로 등록됐다. 학교에서 돌아오면 30분 정도 버스를 타고 관철동 한국기원으로 갔다. 오후 4시부터 연구생들과 대국을 하고 7시쯤 집으로 돌아오는 것이 하루의 일과였다. 선생님은 어쩌다 일찍 집에 들어오는 날, 나를 불러 그날 둔 대국을 복기(復棋)* 해보라고 했다.

선생님의 지도방법은 일대일 대국이 아니었다. 내가 기원에서 둔 바둑을 복기하면 중요한 장면을 지적해 스스로 발상의 전환이나 행마의 아이디어를 끌어낼 수 있게 도와주는 것, 즉 사유의 지침을 주는 것이었다.

일대일 지도대국이 함께 고기를 잡는 법이라면 선생님의 지도법은 일단 나 스스로 다양한 곳에서 고기를 잡도록 내버려두었다가 '고기잡이'가 끝나면 그 과정을 함께 돌이켜보면서 어느 곳에

---

* 종료된 대국을 두었던 대로 다시 처음부터 놓아봄. 이런 행위를 통해 기력의 발전이 이루어진다.

고기가 많이 몰리는지, 어느 때 그물을 던져야 하는지, 포인트를 짚어주는 것이었다.

그런데 창피하게도 나는 가끔 복기를 틀렸다. 선생님은 실력이 이미 프로에 육박하는데도 복기를 제대로 하지 못한다는 것을 도무지 이해하지 못하는 것 같았다(아마추어라도 유단자 수준이면 복기가 가능하다). 스스로도 한숨이 나올 정도였다.

당신과는 정반대로 느리고 둔탁한 느낌의 바둑을 두는 데다 제가 둔 바둑을 복기도 제대로 못하는 제자였지만, 그래도 선생님은 나의 바둑을 바꾸려고 하지 않았다. 탐탁지 않아도 "네 바둑은 너의 기질로 만들어나가는 것"이라는 확고한 철학을 가졌던 것 같다. 잘못된 곳을 지적하고 스스로 바로잡을 수 있도록 이끌어줄 뿐, 형편없이 망쳐버린 바둑을 보아도 실망을 드러내지 않았다. 돌이켜 생각해보면 선생님은 승부사로서만 최고가 아니라 스승으로서도 누구보다 탁월한 분이었다.

선생님은 나의 기질을 곧 간파하고 가까운 분들에게 이렇게 이야기했다고 한다.

"특이한 놈이다. 복기도 제대로 못하는 둔재 같은데 희한하게 바둑은 계속 강해진다. 초반포석은 어수룩하고 행마도 둔중한데 묘하게 형세를 맞춰간다. 계산은 또 나보다 나은 것 같다. 이놈은 확실히 나하고 류流가 다르다. 재능이 안으로 감춰진 내적內的 천재 같다."

그리고 이 같은 관찰에 대해 당시 주변사람들은 제자에 대한 선생님의 지나친 애착이 부른 과대평가라고 여겼던 것 같다.

강박과 몰입

1984년 11월, 나는 입단대회에 나가 예선에서 탈락했다. 나의 출전을 프로입단대회 체험 정도로 가볍게 생각했던 주변에서는 크게 기대하지 않았으나 솔직히 나의 좌절은 작지 않았다.

나는 그날 돌아오는 집 근처 아무도 없는 골목길에서 혼자 울었다. 가르쳐주고 돌봐준 선생님과 연희동 가족, 서울과 전주를 무시로 오르내리던 할아버지와 아버지의 얼굴이 떠올랐다. 부끄럽고 미안한 마음에 눈물이 자꾸 나왔다.

한국바둑의 절대자 '조훈현의 내제자'라는 꼬리표는 사람들의 눈길을 충분히 끌고도 남았다. 한국기원 기사실은 물론 관철동 일대에 나의 입단대회 예선탈락 소식이 알려졌다. 나의 재능에 의문을 표하던 사람들은 슬며시 입꼬리를 말아올렸다.

"뭐야, 전주의 신동이라더니 별 수 없네. 조훈현이 가르쳤으면 예선 정도는 통과했어야 하는 거 아냐?"

"에이, 조 국수가 가르친 지 얼마나 됐다고. 게다가 이제 겨우 아홉 살이잖아."

"무슨 소리야, 조훈현도 그 나이에 입단했다고."

"어허, 그때하고 지금하고 같나? 조훈현이 입단할 때하고 비교하는 것도 무리지. 게다가 조훈현 같은 천재는 백년에 한 사람쯤 나올까 말까 한다잖아."

"하긴, 이창호가 그런 천재는 아닌 거 같아. 눈도 졸린 듯하고…. 어딘가 좀 뚱하잖아?"

예선탈락의 아픔을 맛본 나는 공부시간을 늘리고 연구생 급수를 석 달에 한 급씩 올린다는 목표를 세웠다.

연구생리그에서 승률 70퍼센트를 넘기면 급이 올라가고 30퍼센트면 바로 떨어진다. 할아버지, 할머니와 같이 잠잘 때에도 죄송한 마음을 한쪽에 접어두고 새벽 한두 시까지 어김없이 공부했다. 선생님의 서가에는 수십 년간 모아온 무수한 기보와 책들이 있었고 그곳은 나의 보물창고였는데, 나중에 그 책들은 모두 내 방으로 옮겨졌다.

노력을 외면하는 결과는 없다. 나는 그렇게 믿는다. 1985년 가을, 나는 연구생 중 가장 먼저 1급이 되었다.

그리고 다시 11월, 프로입단의 계절이 찾아왔다. 12명이 풀리그로 겨루는 본선. 자신도 있었고 전력을 기울여 열심히 두었으나 긴장이 지나친 탓인지 첫날 성적은 3전 3패였다.

이튿날 다시 2연패. 공부시간을 늘리고 최선을 다해 노력했는데 이틀 동안 5연패라니. 참담해진 나는 또 다시 아무도 없는 곳에 숨어 눈물을 흘려야 했다. 입단을 학수고대하는 할아버지, 아버지의 얼굴이 떠올라 견딜 수가 없었다.

대회가 끝난 것은 아니었으니 이제부터라도 달라져야 했다. 집으로 돌아가 패한 바둑들을 선생님 앞에서 놓아 보였다. 질책은 없었지만 부끄러워 얼굴을 들 수가 없었고 선생님의 질문 하나하나가 모두 꾸중처럼 들려와 단 한 마디도 제대로 대답할 수가 없었다.

어느 순간 조금씩 작아지던 목소리조차 아예 목구멍 속으로 사라져버렸다. 말을 잃어버린 채 손가락을 짚거나 바둑돌을 움직이는 것으로 겨우 생각을 전했다. 복기를 마친 나는 방으로 돌아와 선생님이 지적한 패착敗着❶들을 면밀하게 살피고 또 살폈다.

입단대회 사흘째부터 나의 마음가짐은 달라졌다. 그 결과는 5연패 이후 극적인 6연승.

불과 하루 사이에 실력이 크게 향상되는 일이 가능할까? 물론 그건 아니다. 평범한 사람이 험한 산 깊은 동굴에서 우연히 기인奇人을 만나 하룻밤 사이에 무림고수가 되는 것은 무협소설에서나 등

---

❶ 바둑에서 그곳에 돌을 놓았기 때문에 결과적으로 그 판에서 지게 된 수.

장하는 얘기다.

입단에 가까운 기량은 갖추고 있었다. 그것을 제대로 끌어내지 못한 것은 중요한 시기마다 지속적으로 드러냈던 마음의 부담 때문이다. 가족과 선생님의 기대, 주변의 관심, 그 모든 것들이 복합적으로 작용해 나의 사고를 억압했다. 그것이 어린아이가 감당하기에는 벅찬 압박이었다고 하면 나 자신에게 지나치게 너그러운 해석일까.

나중에 다시 생각하면, 몰라서 둬버린 실수들은 별로 느낌이 없었지만 경솔하게 손이 불쑥 나가는 바람에 알고도 저지른 실수로 바둑을 망친 기억은 오래 남았다. 사람인 이상 누구나 실수를 범할 수 있지만 알지 못해서 범한 실수와 알고도 경솔해서 범한 실수는 다르다.

그때는 '반드시 이겨야 한다'는 강박관념이 정상적인 사고의 기능을 무력하게 만들었던 것 같다. '강박'을 버리고 '몰입'을 선택하고 나서, 비로소 평정을 되찾을 수 있었다.

하지만 초반의 부진 때문에 1985년 가을의 입단대회는 실패로 끝났다. 나는 다시 정해진 일상으로 돌아갔다. 학교를 마치고 한국기원으로 가서 오후 4시부터 연구생들과 바둑을 두고 7시가 되면 집으로 돌아오는, 지루하도록 일정한 궤도를 묵묵히 어김없이 돌았다.

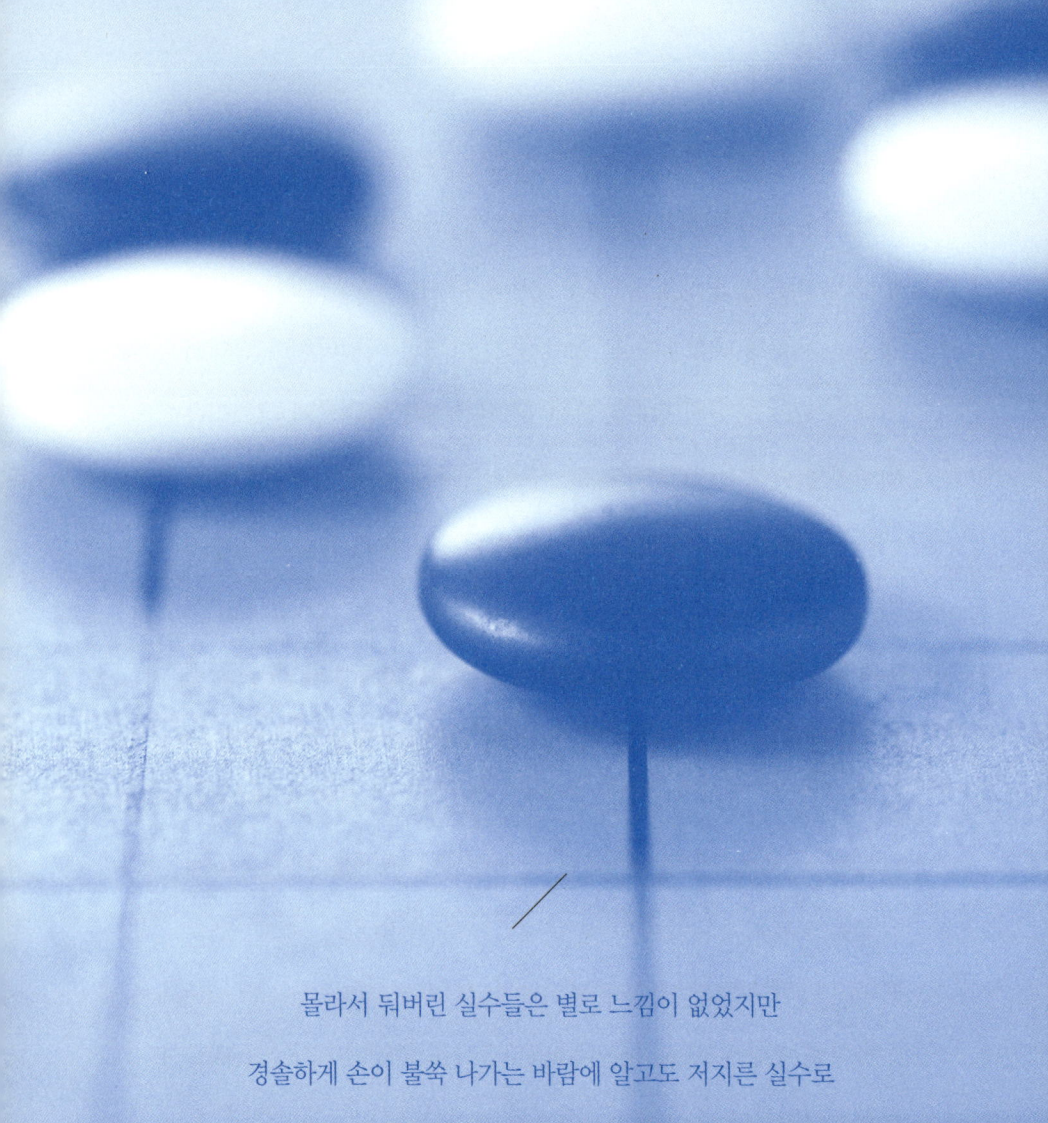

몰라서 둬버린 실수들은 별로 느낌이 없었지만

경솔하게 손이 불쑥 나가는 바람에 알고도 저지른 실수로

바둑을 망친 기억은 오래 남았다.

사람인 이상 누구나 실수를 범할 수 있지만

알지 못해서 범한 실수와 알고도 경솔해서 범한 실수는 다르다.

단조로운 일상의 궤도를 정확하게 돌고 또 도는 나는 '칸트의 시계'였다. "아침이면 고개를 숙이고 2층에서 내려왔다가 저녁이면 고개를 숙이고 2층으로 올라갔다"는 어느 신문기자의 표현은 가장 분명한 묘사였다. 기자는 사모님의 기억을 빌려 내 일상의 가장 중요한 장면을 이렇게 기고했다.

"깊은 한밤중에도 창호의 방에서는 어김없이 바둑돌 놓는 소리가 들려왔고 이따금씩 새벽에 잠에서 깨어도 그 소리를 들었어요. 그 소리는 따악, 따악, 은은히 공기를 흔들며 집 안을 흘러다녔지요."

이즈음 나는 성장발육 속도가 조금씩 늦춰지기 시작했고 원래 적은 말수는 더욱 줄어들었다. 우리 삼형제 중 맏이인 광호 형은 중학교 때 이미 180센티미터를 넘어섰고 동생 영호도 그에 버금가는 건장한 체격인데, 어린 시절 가장 우량했던 내가 가장 왜소한 체구가 돼버렸다. 바둑에만 전력으로 몰입했기 때문일까.

'아인슈타인 증후군 Einstein syndrome'이라는 게 있다. 천재 물리학자 아인슈타인에 나를 비견하는 것이 부끄럽긴 하지만, 여러 분야에서 남다른 능력을 발휘한 인물 가운데에는 말을 늦게 시작하거나 보통사람들보다 말하는 능력이 처지는 사람이 많다. 예를 들면 피아니스트 루빈슈타인, 인도의 수학천재 라마누얀, 노벨상을 받은 경제학자 개리 베커, 물리학자 리처드 파인먼 등이 그렇다.

아인슈타인의 뇌를 해부하여 연구한 신경과학자들은 그의 말하는 능력이 늦게 발달한 이유가 뇌의 비정상적인 발달 때문이었다는 사실을 밝혀냈다. 분석적 사고기능이 집중된 아인슈타인의 뇌 부위가 정상적인 영역을 크게 벗어나 있었는데, 이 같은 침범을 받은 영역 가운데 하나가 일반적으로 언어기능을 통제하는 부위였다는 것이다.

이런 현상은 뇌의 한 부위가 정상수준 이상으로 발달해 갖가지 자원을 사용함으로써 다른 뇌 부위가 기능을 발휘하는 데 필요한 자원을 제대로 사용하지 못했을 때 일어나는 것이다. 다른 부위에 자원을 빼앗겼던 뇌 부위들은 뇌 전체가 성장할 때 필요한 총자원의 양이 증가하면 비로소 정상적으로 발달한다.

어쩌면 내 언어기능이나 성장발육에 필요한 상당한 자원들이 바둑에 몰입하는 에너지로 소모됐을 가능성도 있지 않을까 한다.

입단의 기쁨과 이별

1986년은 영원히 잊지 못할 한 해다. 이 무렵 나는 연구생 중에서 가장 세다는 평가를 받고 있었다. 나의 입단을 의심하는 사람은 아무도 없었다.

그러나 기복이 심한 연구생들의 승부는 또 알 수 없었다. 하위

조에 속한 연구생이 상위 조의 연구생을 꺾고 입단하는 경우는 비일비재했다. 나는 입단대회 날짜가 점점 다가오면서 긴장하기 시작했다. 기량으로는 가늠할 수 없는 불안한 그림자가 나의 마음에 어른거렸다.

7월 23일부터 8월 1일까지 속개된 제54회 입단대회. 줄곧 연구생 서열 1위를 지켜왔던 나는 본선리그로 직행했다. 연구생 아홉 명이 겨루는 더블리그였는데 나는 주변의 예상과 달리 첫날 두 판을 내리 졌다. 강박 징크스가 재현된 것이다.

그때, 아버지의 위로가 없었더라면 어땠을까. 어렸을 때 방에 이불을 펴놓은 채 씨름을 같이 하고 전자오락실도 함께 가주던 아버지. 늘 말없는 그림자처럼 대회장 주위를 지키던 아버지가 다가왔다.

"창호야, 져도 괜찮아. 기회는 다음에도 또 있잖니."

첫날의 2패로 또 다시 좌절에 빠져들었던 나는 아버지의 위로에 마음이 편안해졌다. 중요한 시기마다 끊임없이 발목을 붙들던 강박관념이 다시 마수를 뻗쳐왔으나 아버지의 마음에 기대어 그 어두운 손길을 뿌리쳤다. 평정을 되찾고 남은 대국에 임해 6연승을 거두었다. 한 해 전 5연패 뒤 거두었던 6연승과 같은 흐름이었다.

최종성적은 6승 2패 1위. 마침내 프로의 관문을 돌파한 것이다.

1975년 7월 29일생이니 만 11년 2일. 한국에선 선생님 다음으로 빠른 입단기록이었다.

나의 바둑인생에 가장 지대한 영향을 끼친 할아버지는 병상에서 둘째손자의 프로입단 소식을 들었다. 할아버지는 폐암을 앓고 있었다. 입단이 확정되자 나는 전주로 내려가 제일 먼저 할아버지를 찾았다.

어린아이처럼 좋아하던 할아버지의 모습이 지금도 눈앞에 선하다. 할아버지는 그해 11월에 세상을 떠났다. 운명 직전 서울에서 대국 중이던 나를 애타게 찾았다고 한다.

아버지에게는 "창호가 세계제일이 되도록 뒷바라지를 잘하라"는 유언을 남겼다. 그 유언은 내가 KBS 바둑왕전에서 우승을 차지해 생애 첫 타이틀을 획득했을 때 전해졌다.

둘째손자에게 바둑을 가르치고 그 모습을 지켜보는 일로 황혼의 즐거움을 만들었던 할아버지는 나의 프로입단을 위해 자신이 할 수 있는 모든 것을 쏟아 부었다.

생의 말년을 달관한 도인처럼 유유자적 지냈으나 유독 나와 관련된 일만큼은 조바심을 태우며 발을 동동 굴렀다.

할아버지는 어디서 "선생님이 바둑을 잘 둬주지 않는다"는 얘기를 듣고는 참아내지 못했다. 예가 아닌 줄 알면서도 서울에 오면 나를 데리고 전영선 사범님에게 지도대국을 받게 했다.

많은 사람들이 선생님의 지도방법이나 내제자 수업방식에 관해 아무리 설명해도 소용이 없었다.

그와 같은 지극정성으로, 그토록 소망하던 나의 프로입단을 보고 눈을 감았으니 진한 슬픔 속에서도 한 가닥 위안이 되었다.

二. 거인의 어깨 위에서

소년기사, 프로 데뷔 | 본선 물고기가 되다 | 두터운 실리를 추구하다 | 이단의 명인을 만나다 | 복기의 힘 | 양날의 칼, 강박관념 | 첫 번째 사제대결 | 생애 첫 타이틀 획득 | 반상의 황제, 날다 | 숙명의 타이틀, 최고위 | 둥지를 떠나다

소년기사, 프로 데뷔

입단이 확정된 순간부터 나의 첫 대국은 화제의 대상이었다. 한국기원에서 내 나이의 어린 프로가 활약한 적이 없었기 때문이다. 과거에도 십대 후반의 프로들은 더러 있었으나 갓 열 살을 넘어선 소년기사는 처음이었다. 아홉 살에 입단한 선생님은 입단 직후 일본으로 건너가 다시 입단했고, 열두 살에 입단한 최규병 사범님도 대학에 진학해 사실상 승부무대에서 떠나있었기 때문에 실제로는 내가 한국기원 최초의 소년프로였던 것이다.

1986년 8월 28일의 을조(4단 이하) 승단대회장. 나는 승단대회 개막 직전에 열렸던 프로면장 수여식에서 초단 면장을 받았다.

그때 주변사람들의 기억에 의하면 내가 공연히 싱글벙글 바보같이 웃었다고 한다. 좀 쑥스럽지만 프로면장을 받아들고 나서야 비로소 프로가 되었다는 사실을 깨닫고 그 기쁨을 주체하지 못해서 그랬던 것 같다. 무엇이든 이전에 없던 것을 새롭게 갖게 된다는 것, 특히 그것이 쉽게 가질 수 없는 것이라면 누구나 그러지 않았을까.

나의 첫 상대는 조영숙 사범님이었다. 조 사범님은 내가 태어난 해에 입단한 한국기원의 첫 프로여기사로, 어머니 같은 분이었다. 면장 수여식이 끝나고 두근거리는 가슴을 누르고 지정좌석에 앉았는데 좀처럼 조 사범님이 나타나지 않았다.

첫 시합의 링에 올라선 신예복서처럼 투지를 불태우고 있는데 공이 울리고 한참 지나도 상대가 나타나지 않으니 난감할밖에. 사람들의 눈에 비친 나는, 비어있는 상대 코너를 바라보며 안절부절 못하는 풋내기복서의 모습 그대로였을 것이다.

5분, 10분이 흘러가도 앞자리의 주인이 나타나지 않았다. 20분을 넘어서면서 자세를 풀고 좌우에서 벌어진 대국을 이리저리 둘러보기 시작했다. 어른들의 대국을 구경하다 보니 어느덧 나의 첫 프로대국도, 나타나지 않는 상대도 잊어버렸다.

조 사범님은 정시에서 30분을 넘겨 대국실에 도착했다. 나를 보고는 깜짝 놀라는 듯했다.

"어머, 창호 너니? 너무 반갑다!"

환하게 웃으며 시종 따뜻하고 친근하게 대해주어 대국 내용에 관계없이 편안한 분위기에서 승부에 임할 수 있었다. 나는 이 대국에서 공식 프로대국 첫 승을 기록했다. 조 사범님 덕분에 긴장으로 그르치기 쉬운 프로무대 첫 대국을 살벌한 승부가 아닌 축복의 꽃다발로 기억할 수 있게 되었다.

입단 첫해에 가장 기억에 남는 대국은 공식대국이 아닌 이벤트대국이었다. 1986년 11월 23일, 입단 4개월에 불과한 풋내기가 수천 군중 앞에 앉았다. 88체육관에서 열린 KBS 바둑대축제의 하이라이트로 유창혁 사범님(당시 3단)과 나의 '신풍대국'이 기획된 것이다.

조용한 한국기원의 대국실이 아니라 수천 군중이 운집한 체육관의 한복판에서, 그것도 KBS-TV가 생방송으로 중계하는 바둑. 주변의 소란을 의식하지 않으려고 해도 그게 잘 되지 않았다. 월간지에 "침착하기로 소문난 이창호의 얼굴도 어느새 벌겋게 달아오르고 있었다"는 기사가 실린 것을 보면, 사람들의 눈에도 그런 내 모습이 생생하게 비쳤던 것 같다.

이벤트대국에 대한 관측자들의 전망은 유창혁 사범님의 우세. 내가 이제 막 입단 4개월로 접어든 병아리인 반면 유 사범님은 입단 3년차로, 86탐험대결에서 한국바둑의 절대강자인 선생님에게

3연승을 거두면서 최고의 유망주로 떠올랐고 이미 각 기전 본선무대를 주름잡고 다니는 강자였으니 당연한 전망이었다.

그러나 대국은 사람들의 예상을 뒤엎고 나의 승리로 끝났다. 대국 종반 유 사범님의 방심을 틈타 중앙에서 수를 내며 역전승을 거둔 것이다. 이 대국은 승부 결과보다 '최연소 신예'와 '최고 유망주'의 대결이라는 흥미에 초점을 맞춘 특별이벤트였으나, 내게는 스스로의 가능성에 자신감을 가지는 계기가 됐다. 나는 입단 첫해를 8승 3패, 승률 72.7퍼센트로 마감했다.

본선 물고기가 되다

프로가 된 나는 학교를 충암초등학교로 옮겼다. 이대부속초등학교는 바둑특기생을 인정하지 않았다. 아무리 바둑을 잘 두더라도 수업을 빼먹는 것은 용납되지 않았다. 상대적으로 충암초등학교는 바둑에 재능이 있는 어린이들에게 많은 특혜를 주었다. 특혜라고 해야 공식대국 때문에 등교하지 못하는 날을 수업일로 인정해주는 것이었지만, 그것은 프로에 갓 입단한 나의 '전부'라고 해도 지나친 말이 아니었다.

프로입단 이후 바둑의 의미는 조금 달라졌다. 순수한 아마추어 시절, 나에게 바둑은 즐거움 그 자체였으나 프로를 목표로 공부하고 프로가 된 이후로는 그 시절의 즐거움을 온전하게 가질 수 없게 됐다.

당연한 일이다. 직업이 되면 생활의 수단이 되고 승부의 결과가 수입과 직결되는데 아마추어 시절의 순수한 즐거움이 온전하게 지켜질 리 없다. 승리에는 아마추어 시절에 느낄 수 없었던 희열이 따르지만 패배에도 그 시절에는 상상할 수 없었던 고통과 스트레스가 안겨지니까.

나는 대국 때문에 학교는 거의 나가지 못했고 충암연구회를 통해 양재호, 유창혁 사범님 같은 학교 선배들을 만났다. 학교를 거의 나가지 않는 대신 새로운 선배들을 만나 바둑에 관련된 이야기를 나눈다는 것을 제외하면 특별히 달라진 것은 없었다. 대국이 없는 날에는 한국기원 4층 기사실 옆에 생긴 작은 연구실에서 하루의 대부분을 보냈다. 젊은 프로들과 연구생들을 위해 만들어진 이 방에서 충암의 핵심 최규병, 양재호, 유창혁 사범님과 함께 공부했고 아직 입단 전인 동갑내기 윤성현도 같이 어울렸다.

공부를 하다 이따금씩 옥상으로 올라가 탁구를 했는데, 탁구는 내가 바둑 이외에 할 수 있는 유일한 놀이이자 운동이었다. 어린 시절 꿈꾸었던 '천하장사 이창호'는 이미 아득한 기억 너머로 사라져버렸지만 아쉬움은 없었다. 나에게 바둑을 대신하거나 넘어설 수 있는 즐거움은 없었기 때문이다.

1987년으로 접어들면서 나는 승률 80퍼센트의 고공비행으로 6월에 최단기간 2단 승단을 기록했고 9월에는 예선을 뚫고 대망의 본선으로 뛰어올랐다.

프로기전의 본선무대에 처음으로 진출하는 것을 일러 '코를 뚫었다'고 한다. 송아지가 다 자라면 코청을 뚫어 코뚜레를 하는데, 신예프로들이 처음 본선무대에 진출하는 것을 여기에 비유한 것이다. 나는 1987년 9월에 열린 제13기 국기전(國棋戰)❶ 예선을 돌파하고 본선 16강 토너먼트에 진출하며 '코를 뚫었다'.

"그깟 본선진출이 뭐 대단하다고."

요즘은 이렇게 말할지도 모르지만 당시만 해도 국내기전의 예선은 단위등급에 따라 1~3차로 나뉘어 나 같은 신예가 본선까지 오르기란 시쳇말로 '하늘의 별 따기'였다.

1, 2차 예선을 거친 후 다시 3차 예선에서 6단 이상의 고단자들과 겨뤄 본선에 오르려면 최소 8~9연승이 필요했는데, 공교롭게도 3차 예선 결승 상대는 전영선 사범님이었다. 대국이 끝난 후 전 사범님은 "아직은 좀더 가르쳐줄 게 있을 텐데 싱겁게 지고 말았다"며 크게 웃었다.

많은 스승들이, 제자가 스승을 이겨내는 '청출어람(靑出於藍)'을 기

---

❶ 경향신문이 주최하는 바둑대회.

뻔한다고 말하지만 승패의 결과가 수입과 직결되는 현역 프로의 처지에서 패배의 아픔을, 문자 그대로 기꺼워할 대인배는 말처럼 흔하지 않다. 하지만 전 사범님은 내가 위로 치고 올라가는 것을 나 자신보다 더 기뻐해주었다.

'열두 살 본선진출'은 그때까지 없었던 새로운 기록이었다. 지는 순간 탈락하는 녹다운 토너먼트는 일단 본선무대에 올라서면 대접이 달라졌다. '큰물에서 논다'는 의미 그대로 프로입단 1년 1개월 만에 '본선 물고기'가 된 것이다.

전 사범님은 "프로로서 갖추어야 할 3박자인 기재, 신체조건(장시간 대국에 따른 체력), 집안의 후원이 모두 갖춰져있는 만큼 대성이 기대된다"고 말해주었다.

한편 선생님은 "공부에 끈기가 있고, 또 승부사 기질도 갖추고 있어 실력 향상이 빠를 것으로 본다. 두터운 바둑을 즐기고 수읽기가 깊은 것이 장점이다. 계산적인 바둑도 가미돼 실리에도 강한 면모를 보이고 있다"고 칭찬해주었고, "가끔 엉뚱한 실수를 저질러 판을 망쳐놓는 경우가 있는데 시간이 지나면 나아질 것"이라는 충고와 격려도 잊지 않았다.

"나이에 걸맞지 않게 대단히 침착하고 좀처럼 흔들리지 않는다", "바둑을 대할 때 불필요한 잡념이 거의 없는 것 같다", "상식적으로 대단치 않아 보이는 곳을 끈기 있게 참아가며 둔다", "꼭 필요한 방향으로 자연스럽게 생각을 몰아간다", 많은 한국기원 선배기사들의 호평에 어깨가 으쓱해지는 날들이었다.

두터운 실리를 추구하다

이 무렵 나는 선생님과 그날의 대국을 검토하고 그 결과를 홀로 되새기는 과정에서 '바둑은 실수를 적게 하는 쪽이 이기는 게임' 이라는 사실을 새삼 자각했다.

이는 싸움을 회피해온 내 바둑의 본질, 그 연장선상에 있는 것이었다. 싸움을 피했던 것은 싸움이 두려워서가 아니었다. 그 싸움의 수많은 변화에서 돌발적으로 튀어나올 수도 있는 실수가 두려웠던 것이다.

是故百戰百勝, 非善之善者也. 不戰而屈人之兵, 善之善者也(시고백전백승, 비선지선자야. 부전이굴인지병, 선지선자야). 손자병법에 이르기를 "백 번 싸워 백 번 이기는 것은 최선이 아니다. 싸우지 않고 적을 굴복시키는 것이 최선이다"라고 했다.

무릇 승부에 임할 때는 자신을 다스려 최대한 조심스럽게 접근해야 하는 법이다. 나아가야 할 때는 주도면밀하게, 가만히 있어야 할 때는 신중하게 기다려야 한다. 일단 전진하면 실패의 여지를 없애야 하고, 부동(不動)할 때는 불필요한 기미를 보이지 말아야

무릇 승부에 임할 때는 자신을 다스려

최대한 조심스럽게 접근해야 하는 법이다.

나아가야 할 때는 주도면밀하게,

가만히 있어야 할 때는 신중하게 기다려야 한다.

일단 전진하면 실패의 여지를 없애야 하고,

부동(不動)할 때는 불필요한 기미를 보이지 말아야

상대를 서서히 제압할 수 있다.

상대를 서서히 제압할 수 있다.

나는 의식, 무의식중에 입문 시절부터 쌓아온 공부로써 하나의 확고한 가치관을 세웠다. 그것은 '두터움' 이다.

바둑평론가들이 평가한 것처럼 "화점의 지평을 넓힌" 차원도 아니고 그렇게 논리정연한 이론을 가진 것도 아니었지만 감각적으로 그 방향, 그 길을 의식하고 걷기 시작한 것만은 틀림없다. 내가 추구한 '두터움' 은 공격당하지 않는 견고함 이외에도 뚜렷한 '실리實利' 의 개념을 포함하는 것이었다.

후일 '두터움' 이 나의 트레이드마크가 되자 때때로 "두터움과 실리 중 어느 쪽을 더 선호하는가" 하는 질문을 받기도 했는데, 두터움을 쌓는 것은 결국 실리를 얻기 위한 것이다. 그러므로 그 두 가지는 궁극적으로 같다고 볼 수 있다. 그런 관점에서 보자면 나는 실리를 좋아하는 것이다.

선배기사들은 "막 입단했을 때 이창호는 약했다. 특별히 감탄할 만한 재능 같은 건 눈에 띄지 않고 그냥 평범했다"고 평가했다. 하지만 불과 1년 만에 그런 시선이 달라졌다. 프로는 성적으로 말하는 것이고, 당시 나는 주목받을 만한 성적을 기록했다.

나의 바둑에 대한 사람들의 평가에는 한 가지 공통점이 있었다. 노기老棋. 어린아이의 바둑이 아니라는 것. 인생의 풍파를 다 겪은 노인의 느낌을 준다는 것.

대국을 마칠 때마다 새로운 별명이 하나씩 늘어났다. '돌부처', '강태공', '포커페이스' …. 나는 본선진출에 만족하지 않고 1987년을 4단 이하 다승 2위(44승 1패), 승률 1위(80퍼센트)로 마감했다.

이단의 명인을 만나다

1988년 새해가 밝으면서 나는 다시 한 번 화제의 중심에 섰다. 당대 최강인 선생님과 더불어 한국바둑을 이끌던 서봉수 9단을 제13기 국기전 본선 8강전에서 꺾고 4강에 올라선 것이다. 초단이 9단을 꺾는 일이 다반사가 되어버린 요즘에는 대수롭지 않은 일이지만, 신예와 중견의 분명한 기량 차이가 있고 단위의 권위가 엄존했던 당시에는 거의 타이틀 획득에 버금가는 빅뉴스였다.

그날은 1월 25일 월요일이었다. 한국기원 4층 특별대국실에서는 본선대국 두 판이 진행되고 있었다. 한 판은 선생님의 박카스배 본선대국이었고, 다른 한 판은 국기전 4강을 가리는 중요한 대국이었다.

기자들은 서 사범님과 나의 대국에는 별 관심을 보이지 않았다. 대부분의 관전자들이 "아무리 기세가 오르고 있다고 해도 아직 서 명인한테는 안 될 것"이라는 생각을 했던 것 같다.

정오가 조금 지나 박카스배는 선생님의 완승으로 끝났고, 대국실에는 서 사범님과 나 두 사람만이 남았다. 관전자들도 별로 없고 실내는 적막하리만큼 조용했다. 가끔씩 바둑판 위에 "딱!" 하고 울리는 돌 소리가 생생하게 들릴 정도였다.

나른한 오후, 일찌감치 기우는 겨울햇살이 창문을 비껴 들어와서 사범님의 얼굴을 붉게 물들이기 시작했다. 반상은 어느새 마지막 국면. 자잘한 끝내기 몇 군데만 남아있었는데, 이 시점에서는 이미 서 사범님도 나도 승부의 결과를 알고 있었다. 몇 수 더 진행된 뒤에 종국終局. 흑을 쥔 내가 반면盤面❶으로 7집을 남겼다. 흑 1집 반승!

이 무렵 나는 대국이 끝난 뒤 상대의 얼굴을 바라보지 않았다. 그때 나의 시선은 거의 바둑판 위에 고정돼있다. 패배한 상대의 얼굴을 똑바로 바라보는 것은, 다른 사람은 어떤지 몰라도 어린 나에게는 꽤나 송구스럽고 민망한 일이었다.

기자들은 "서봉수란 거목을 쓰러뜨린 이창호는 무표정했다"고 썼지만, 좀더 섬세한 눈을 가진 사람이 보았다면 내 무표정 뒤로 억눌린 불편한 감정들을 어렵지 않게 발견할 수 있지 않았을까. 적어도 그때의 나는 사람들이 흔히 말하곤 했던 '포커페이스'가

---

❶ 바둑에서 덤을 셈하지 않은 상태.

아니었다.

아무튼 대국은 끝났고 복기가 이루어졌다. 서 사범님은 곧 밝은 표정으로 바둑판 이곳저곳을 짚으며 내게 질문을 퍼부었는데, 내가 생각하기에도 모기소리처럼 작은 내 목소리를 용케 알아듣고는 가끔씩 "잘 둔다!"는 추임새까지 넣곤 했다.

그때까진 잘 몰랐는데 서 사범님에게는 장난꾸러기 같은 일면이 있었다. 갑자기 흐흐흐 하고 웃더니 "이창호가 도전자가 돼서 조 국수하고 대결하게 되면 정말 재밌겠는데?"라며 내 얼굴을 빤히 바라보았다.

묘한 느낌이었다. 복기는 불편하지 않았다. 서 사범님이 장난처럼 툭툭 던지는 질문은 가벼웠지만 진심이 담겨있는 것 같았다. 이후 서 사범님은 내게 가끔 전화를 했다. 바둑판 위에서 부딪친 문제에 관해 나의 의견을 물었다. 또래도 아닌 한참 연하의 후배 기사에게 바둑의 수에 관해 묻는다는 것은 결코 쉽지 않은 일인데, 서 사범님은 그런 전화를 아주 자연스럽게 했다.

그때 나는 서 사범님으로부터 '불치하문不恥下問'의 자세를 배웠다. 모르면 물어라. 아랫사람에게 묻는 것을 부끄러워하지 마라. 그 실천이 중요할 뿐이다.

드러난 결과를 흔쾌하게 인정하고 고스란히 받아들이는 진솔함. 어쩌면 그것이야말로 서 사범님의 바둑을 발전시켜온 동력인

지도 모르겠다. 대국이 끝난 뒤 전국을 검토하는 복기의 시간이 승자보다 패자에게 훨씬 더 유익하다는 사실을 모르는 사람은 많지 않지만, 드러난 결과를 흔쾌하게 인정하고 고스란히 받아들이는 사람도 흔치 않다.

그리고 또 하나. 공식을 알지 못해도 끊임없이 답을 좇으면서 결국 그 공식을 발견하는 놀라운 집념. 서 사범님의 바둑 입문 과정에는 이 같은 면모가 잘 드러난다.

서 사범님은 늦은 나이에, 동네 기원 주변을 서성거리다가 누군가의 안내도 없이 스스로 바둑의 세계로 뛰어들었다. 가까운 사람들의 인도와 보호 속에서 프로바둑의 문턱을 넘어서는 대다수의 기재들과는 전혀 다른 길을 걸어온 것이다.

1970년 열일곱의 나이에 입단을 하고도 그 이듬해 초단에 명인 도전권을 움켜쥐었고, 도전기 중에 2단으로 승단하면서 명인 타이틀을 쟁취했다. 그때 나이가 열여덟. 일찌감치 바둑을 배우고 다양한 지원 속에서 프로가 된 기재들보다 오히려 빠른 속도로, 나이 스물에 이르기도 전에 정상으로 올라선 것이다.

한국에서는 한 번이라도 정상에 섰던 프로들에게 '국수國手'라는 칭호를 준다. 물론 국수 타이틀*을 한 번이라도 획득한 프로라

---

* 동아일보사가 주최하는 바둑 타이틀전의 우승자

야 한다. 국수보다 상금이 높은 타이틀도 많은데 유독 국수를 선호하는 이유는 그 호칭이 하나의 타이틀에 머물지 않고 예로부터 '바둑에 가장 뛰어난 사람'을 이르는 좀더 고고한 의미를 가지고 있기 때문이다.

물론 서 사범님도 국수를 두 차례 획득한 바 있다. 그런데도 그를 '국수'라고 부르는 사람은 없다. 그것은 열여덟 살 초단 명인 도전, 2단 명인 쟁취의 기억이 워낙 강렬했기 때문이다.

그 누구와도 같지 않은 혼자만의 길을 걸어 정상에 오른 이단異端의 명인名人. 그래서 그는 한국바둑의 유일한 '명인'이 되었다. 프로, 아마를 막론하고 모든 사람들이 그를 '서 명인'이라고 부른다.

서 사범님은 직관과 주관이 누구보다 강한 사람이다. 스승 없이 혼자 공부해 프로가 되고 순식간에 정상으로 올라섰기 때문에 다른 프로기사들과는 차별되는 사고체계를 갖게 된 것 같다. 바둑계에 널리 회자된 다음의 '서봉수 어록'도 그 산물이다.

"바둑이란 나무판 위에 돌을 늘어놓는 것이다."

"적개심이 생기지 않는 상대하고는 바둑이 잘 안 된다. 그래서 나는 상대에 대한 적개심을 스스로 부추기는 것이 대국에 임해 필승을 다지는 한 방법이 된다."

"나는 사랑이니, 조화니, 화해니, 이해니 하는 말들을 서슴없이 늘어놓는 사람들을 이해할 수 없다. 나는 증오, 공격, 도전, 투쟁,

복수 등과 같은 살벌한 말들이 보다 진실에 가깝다고 생각한다."

"이겨야 한다, 이겨야 한다, 이겨야 한다고 매일 노트에 적어야 한다. 매일 승부를 생각해야 한다. 마음이 약해지지 않도록 끊임없이 다져야 한다."

"만일 바둑의 신이 있다면 그의 눈에는 승부수니 기세니 하는 애매모호한 말들은 가소로운 것들로 비쳐질 것이다. 신의 눈에는 오직 정수와 악수만이 보일 것이다. 승부수니 기세니 하는 말들은 사람의 수읽기가 완벽하지 못하기 때문에 생겨난 말일 따름이다. 다만 승부를 겨룰 때 기세나 기합 같은 것이 중요한 역할을 하게 되는 것은, 승부의 윤곽이 드러나지 않은 어렵고 애매한 장면에 처하면 대개 사람들의 마음이 약해지기 때문일 것이다."

"내가 천재라고? 내가 성적을 내는 것이 비정상적이라고? 미안하지만 난 천재와 범재의 차이를, 정상과 비정상의 차이를 모르겠다. 아니, 그 둘 사이에 차이란 없는 것이 아닐까."

"나는 주어진 제한시간을 전부 사용해 판마다 마지막 1분 초읽기에 몰리고 싶다. 소비시간이야말로 대국에 임한 그 사람의 정신자세를 가장 잘 나타내주는 기록이다. 속기連棋[○]는 경솔한 것, 무의미하다. 빠른 바둑으로 이기는 것은 운수소관일 따름이다. 속

[○] 짧은 시간에 하는 바둑의 대국.

기로는 절대 작품을 만들 수 없다고 나는 확신한다."

선생님이 내게 무한한 상상력과 창조의 정신을 심어주었다면서 사범님은 내게 치열한 승부정신을 보여주었다. 두 분은 내게 위대한 승부의 멘토였다.

복기의 힘

늘 새로운 영웅을 갈구하는 팬들은 서봉수 사범님을 꺾은 내가 기세를 타고 도전무대까지 오르기를 바랐겠지만 나는 그 기대에 부응하지 못했다. 국기전 4강전에서 노영하 사범님에게 덜미를 잡힌 데다 5월에 이어진 '태풍대결'에서 안관욱 아마6단에게 패했기 때문이다.

승승장구하던 프로유망주가 아마추어에게 패했다는 사실은 성원해준 팬들에게도 뜻밖이었겠으나 내게도 작지 않은 충격이었다.

이후 1988년 6월 일본에서 개최된 제1회 IBM 조기오픈전 원정대에 합류해 1회전에서 노장 스즈키鈴木政 6단을 꺾고 2회전에 진출했다. 스즈키 6단은 어린 꼬마에게 패한 사실이 당황스러웠는지 얼굴을 붉혔으나 곧 안색을 회복하고 잠깐 기다려달라고 말하더니 잠시 뒤에 쥘부채 두 개를 가져와 선물했다. 친절한 분이었다.

2회전에서는 신인왕을 차지하는 등 일본 최강의 신예로 꼽히던 고마츠 히데키小松英樹 6단과 겨루었는데 초반 운영이 좋지 않아 고전하다가 결국 패했다.

실력이 부족해 패한 것이야 어쩔 수 없지만 응원해준 팬들의 기대를 저버린 것 같아 좀 우울했는데, 뜻하지 않게 유학 중이던 류시훈 초단을 만나게 돼 기분이 좋아졌다. 시훈이 형은 초등학교 시절 어린이바둑대회(어깨동무바둑왕전)에서 우승을 주고받았고 한국기원 연구생 시절에도 함께했던 인연이 있다.

시훈이 형과 호텔로 돌아와 늦은 밤까지 바둑을 두며 이야기를 나누었는데, 형은 얼마전 안관욱 사범님에게 호선으로 진 바둑을 이야기하며 놀렸다.

"여기서도 매달 〈월간바둑〉을 받아보는데, 얼마전에 창호 너 아마추어한테 호선으로 졌더라?"

"아마추어지만 굉장히 세던데."

"그래도 프로가 아마추어한테 지면 되냐?"

확실히 안 사범님은 프로 못지않게 강했다. 프로가 아마추어에게 패했다는 건 부끄러운 일이지만 그래도 나중에 안 사범님이 프로입단에 성공했으니 내 체면을 세워준 셈이다.

이 무렵 나는 정상급 프로들을 곧잘 넘어서면서도 처음 만나는 중견강호나 외국기사들에게는 의외로 쉽게 무너지는 패턴을 보였다. 한국에서는 입단 초기 상승가도를 질주하다가 중요한 길목에서 노영하 사범님에게 연패를 당하는가 하면 오규철, 박영찬 사범님에게도 심심찮게 덜미를 잡혔다.

IBM 조기오픈전에서 패배를 안겨준 고마츠 6단에게는 1990년 한일신예돌풍전 2회전에서 다시 만나 패했고 국내 정상에 오른 뒤에도 일본과 중국의 중견강호, 심지어는 처쩌우車澤武 7단 같은 무명의 기사에게도 패배를 허용했다.

어떤 사람들은 "이창호가 최강자의 바둑만을 연구했기 때문에 강자들에게만 강한 것"이라며 비아냥거렸는데, 사실 그런 패배들이 그렇게 단순하기만 한 것은 아니었던 듯 싶다. 몇몇 바둑저널리스트들은 나의 그런 패배에 "낯선 상대에 대한 강박"이라는 진단을 내렸다.

객관적으로 전력을 비교할 때 쉽게 이겨야 할 상대인데 거꾸로 쉽게 진다. 그렇다면 뭔가 실력 이외의 이유가 있지 않을까. 그게 바로 낯선 상대에 대한 강박이다. 그런 논리였다.

그 말을 다 긍정하기는 좀 그렇지만, 낯선 상대가 어딘가 거북하고 불편한 건 사실이다. 처음 겨루는 상대라면 다 익숙하지 않다고 말할 수 있지만 정상급 강자들의 기보는 평소에 많이 놓아보기 때문에 상대적으로 익숙하다고 할 수 있다. 오히려 내게는 서봉수 사범님 같은 분과 겨루는 게 더 마음 편했던 것인지도 모른다.

어쩌면 나의 그런 패배들이야말로 내가 천재가 아니라는 증거라고 생각한다. 선생님이나 이세돌 9단 같은 진짜 천재들은 상대가 누구든 중심을 잃지 않는다. 확고한 '자기류自己流'가 있다. 어떤 상대든 자기의 영역으로 끌어들여 유리한 싸움을 펼친다.

그런데 나는 다르다. 정상의 프로들을 상대로는 대응수단을 생각해본 적이 많아서 익숙하지만 어쩌다가 한 번씩 부딪치는 상대들은 어떤 포석이 유리한지, 국면을 어떻게 풀어나가야 할지, 대응이 쉽지 않다.

선생님에게는 숫자가 200여 수 이상 빽빽하게 들어찬 기보를 잠깐 들여다보는 것만으로도 패착을 정확하게 잡아내는 재능이 있다. 반면 나는 그런 기보를 보면 패착을 잡아내기는커녕 머리가 어지럽다. 오죽하면 누구보다 빼어난 직관을 가진 선생님조차 한동안 "창호는 재능이 없을지도 모른다"며 고개를 갸웃거렸을까.

그러니 내가 재능을 가진 상대를 넘어서는 방법은 노력뿐이다. 더 많이 집중하고 더 많이 생각하는 수밖에 없다. 바둑에는 '복기'라는 훌륭한 교사가 있다. 승리한 대국의 복기는 '이기는 습관'을 만들어주고, 패배한 대국의 복기는 '이기는 준비'를 만들어준다.

나에게 패배를 안겨준 기사들을 다시 만나게 될 때는 처음 부딪칠 때와 많이 달라진다. 경험이 있다. 두 번, 세 번 마주치면 적응

재능을 가진 상대를 넘어서는 방법은 노력뿐이다.
더 많이 집중하고 더 많이 생각하는 수밖에 없다.
바둑에는 '복기' 라는 훌륭한 교사가 있다.
승리한 대국의 복기는 '이기는 습관' 을 만들어주고,
패배한 대국의 복기는 '이기는 준비' 를 만들어준다.

이 되고 익숙한 상대가 되고 결국은 이길 수 있는 상대가 된다. 그렇게 한 번 넘어선 상대에게는 압도적인 승률을 보이며 추월했다.

내게는 천재적인 재능은 없지만, 그 대신 끈기가 있다. 패한 대국을 다시 놓아보며 실패의 원인을 찾는 복습의 노력만큼은 누구보다 많이 했다고 생각한다. 끈기, 노력은 누구나 가질 수 있는 것이다. 끊임없이 노력할 수 있다면 더 이상 타고난 재능을 가진 상대를 두려워할 필요가 없다.

양날의 칼, 강박관념

10여 년쯤 시간이 흐른 뒤에 가까운 사람들과 편하게 어울려 밥을 먹는 자리에서 누군가 내게 이런 농담을 건넸다.

"이 국수 바둑은 낯가림이 심한 것 같아요."

그 자리에서는 피식 웃고 말았지만 그 표현이 글쓰기를 직업으로 가진 사람답게 절묘하다는 생각이 들었다. 낯선 상대와 대국하거나 바둑판 위에 낯선 변화가 나타날 때 당황하곤 하는 모습을 빗대어 한 말인 것 같다. 실은 그 말에 공감한다. 좀더 정확하게 말하면 낯가림이 심한 나의 바둑은 낯가림이 심한 나로부터 비롯된 것이다.

나는 처음부터 낯가림이 심한 아이는 아니었다. 바둑을 알게 되고 서울로 올라오기 전까지의 나는, 아니 서울에 올라온 이후로도 프로가 되기 전까지의 나는, 말이 많은 편은 아니었어도 제법 쾌활한 아이였다. 그런데 어느 때부터인가 어린 시절의 활달한 나는 기억 속에만 존재하게 되었다.

프로가 되어 바둑에 매이는 시간이 점점 늘어나고, 그러다보니 말수는 더욱 줄어들었다. 원래가 바둑이 말을 필요로 하지 않는 승부인 데다 대국 중의 대화는 더더욱 금하고 있으니 당연하다.

또 앉아서 바둑만 두는 시간이 일상의 전부가 되다시피 해서 활발하게 움직일 일도, 시간도 없었다. 어쩌면 그것은 육체와 정신의 균형이 무너지고 있다는 내 안의 간절한 경고였는지도 모르겠다.

그러나 내 곁의 누구도 그런 쪽으로는 생각하지 못했고, 어린 나는 관심조차 없었다. 만일 그때 또래의 친구들과 즐기던 탁구라도 꾸준히 했으면 몸과 마음의 상태가 지금보다 훨씬 좋지 않을까 생각한다. 가까운 또래라고 해도 공식대국 일정이 빽빽하게 잡혀 있는 프로와 입단준비에 전념해야 하는 연구생이 함께할 수 있는 시간은 거의 없었다.

연구생 시절에는 최명훈, 윤성현 같은 동갑내기들도 있고 한두 살 터울의 친구 같은 선배들도 있어서 바둑공부는 물론 탁구나 시시콜콜한 잡담도 함께해 심심하지 않았는데, 프로가 된 뒤로는 대국 스케줄대로 움직이다 보니 또래들과 어울릴 시간이 거의 사라져버린 것이다.

꼭 같이 어울려 놀지 않아도 또래가 곁에 있으면 마음이 편안한데 프로가 된 뒤로는 사방에 어른들뿐이어서 숨이 막히기도 했다. 또 그때는 대국 중 흡연이 가능하던 시절이라 어른들이 내뿜는 담배연기 때문에 이중으로 고통스러웠다.

비슷한 또래 중 가장 먼저 입단한 윤성현 9단과 이상훈 9단이 나보다 3년 늦은 1989년이고 최명훈 9단(1991년), 양건 9단(1992년), 김영삼 9단(1993년) 순으로 3~6년의 차이가 난다. 수다스럽지는 않지만 또래들과는 곧잘 이야기하던 내가 입단 이후 '꿀 먹은 벙어리' 처럼 입을 다문 것은 어른들의 숲에서 홀로 견뎌내는 방편이었다.

이런 본의 아닌 과묵한 생활은 또래들이 프로의 관문을 돌파할 때까지 괴롭게 이어졌는데, 1989년 이후 낯익은 연구생 친구들이 속속 입단하면서 한결 편해졌다. 이 친구들은 자신들의 프로입단이 내게 얼마나 커다란 위안이 되었는지 아마 잘 모를 것이다.

나이 스물을 넘기면서 바둑계의 '테니스 전도사'로 유명한 최형기 박사님의 권유로 테니스를 시작하고 점차 또래들과 어울리는 시간이 늘었지만, 그래도 이미 이때는 사람들 앞에 나서서 무엇인가 말하는 것조차 거북한 성격으로 굳어있었고 한 게임만 뛰어도 숨이 턱에 차오를 만큼 체력이 고갈된 상태였다.

아무튼 입단 초기부터 나도 모르게 나를 지배해버린 낯가림의 뿌리는 '강박관념'이다. 어른들의 울타리로 둘러싸인 세계에서 나는, 해서는 안 되는 일과 반드시 해야만 하는 일들 사이를 무수히 오가며 어느 사이엔가 '노인 같은 아이'가 돼버린 것이다.

강박관념은 '양날의 칼'이다. 강박관념은 정신질환으로 분류되는 '강박장애'와는 분명히 다르며 반드시 나쁜 것만도 아니다. 증상이 심해지면 질환으로 발전할 위험성을 안고 있지만, 의지가 꿋꿋하고 바르다면 도덕심이나 책임감으로 발현될 수 있다.

나는 사람들 앞에 나서기를 극도로 싫어하는 성향이지만, 나에게 존재하는 강박관념을 좋은 방향으로 발현시키기 위해 노력하고 있다. 재능으로 사회에 기여하는 '프로보노 pro bono' 활동에 적극 참여한다거나, 개인전에서는 최악의 성적을 기록 중이라도 국가대항전에 나서면 90퍼센트의 승률을 기록하는 것도 강박관념을 잘 활용한 결과라고 생각한다.

사실, 그런 결과를 끌어내기 위해서는 끔찍한(?) 인내가 필요하다. 큰 승부를 끝내고 나올 때마다 실신지경에 이르는 모습을 보이고 있으니, 정신의 폭주를 제어하는 일은 몹시 고통스러운 일임을 고백할 수밖에 없겠다.

● 프로보노는 '공익을 위하여'라는 뜻의 라틴어 'pro bono publico'의 줄임말이다. 전문적인 지식이나 서비스를 공익 차원에서 무료로 제공하는 것을 말하며, 일반적인 자원봉사와는 다르다.

첫 번째 사제 대결

1988년 나는 75승 10패로 승률(88.24퍼센트), 다승(75승), 최다대국(85국), 연승(25연승) 4개 부문을 휩쓸었고 도전무대까지 뛰어오른 최고위전, 패왕전을 포함해 6개 기전 본선에 오르며 MVP로 선정되었다. 이때 수립한 승률은 아직까지 신기록으로 남아있다.

기이하다면 기이한 일이었다. 바둑판 위에서는 답답함을 느낄 정도로 두텁고 느린 걸음을 보인 내가 정상을 향해 치고 올라가는 속도는 과거의 누구보다 빨랐다. 그만큼 한국 프로바둑계의 층이 얇다는 사실을 방증하는 것이기도 했다.

그리고 1988년 12월 크리스마스 하루 전에 첫 번째 사제대결이 펼쳐졌다. '절대강자 조훈현과 열네 살의 어린 제자 이창호의 도전기는 어떻게 진행이 될까.' 사람들은 승패보다 한 지붕 아래 기거하는 두 사람의 마음에 더 관심이 많았고 그것을 화제로 삼았다. 아직은 내가 선생님을 넘어설 수 없을 것이라는 게 대다수 팬들의 예측이었다.

대국 당일 아침 우리 두 사람은 나란히 사모님이 운전하는 흰색 승용차를 타고 한국기원에 도착해서 함께 대국실로 올라갔다. 대국이 시작될 때까지 선생님은 커피를 마시거나 특유의 가늘고 긴 장미 담배를 피우면서 주위를 에워싼 사람들과 이야기를 나눴다. 나는 그 앞에서 고개를 푹 숙인 채 얌전히 앉아있었다.

사제대결은 우리 두 사람 모두에게 부담스러운 것이었다. 늘 침묵으로 앉아있던 나는 말할 것도 없지만 밝게 웃으며 주변사람들과 이야기를 나누는 선생님도 겉으로 드러난 표정과는 달리 어린 제자와의 타이틀전을 상당히 부담스러워했다.

첫 사제대결에 대한 나의 기억은 "등에서 식은땀이 날 정도로 불편했다"는 것이다. 괜히 죄송스럽고 거북했는데 겉으로는 담담하던 선생님도 그랬다는 건 뜻밖이었다.

한 바둑잡지와 인터뷰할 때 "어린 제자와 타이틀을 놓고 겨룬다는 게 몹시 부담스러웠다. 주위의 시선도 부담스럽고…. 그래도 곧 잊어버리고 좋은 바둑을 두자, 그렇게 생각했다"고 이야기한 것을 보면 선생님은 나와는 또 다른 부담을 가졌던 것 같다.

그런데 선생님은 아직은 나를 대등한 적수로 생각하지 않는 것 같았다. 그저 대견하다는 정도랄까. 맞수와 겨룬다기보다는 '실전을 통해 직접 몇 판 가르친다'는 기분이었는지도 모르겠다.

나는 취재기자나 관계자들의 시선, 특히 카메라가 부담스러웠다. 바둑판에 집중하려고 하면 이따금씩 카메라 플래시가 터져 깜짝깜짝 놀라게 만들었다.

최고위전最高位戰◐ 도전1국에서는 내가 흑을 쥐었다. '높은 중국

◐ 부산일보사가 주최하는 프로바둑 타이틀전.

류' 포진으로 세력을 구축하며 기세를 떨쳤으나 '번개 발'을 가진 선생님에게 그것은 수수깡 울타리나 다름없었다. 우반부와 하변을 웅장하게 감싸던 세력은 선생님의 눈부신 침투와 타개에 속절없이 무너졌다. 선생님은 이제까지 겨뤄왔던 기사들과는 분명히 다른 차원에 있었다.

첫 번째 사제대결은 불과 80수 만에 싱겁게 끝났다. 선생님은 과연 달랐다. 호기심의 눈을 치켜뜨고 지켜봤던 관계자들은 고개를 끄덕이며 '신구미월령新鳩未越嶺'이라고 했다. 어린 비둘기는 험한 재를 넘지 못한다는 뜻이니, 이창호의 성장이 눈부시지만 아직 조훈현과 겨룰 정도는 아니라는 것이었다.

1989년, 신년벽두로 넘겨진 사제 타이틀전 10번기 시리즈는 나의 완패로 끝났다. 최고위전 도전5번기 최종전적은 1승 3패였다. 그나마 도전2국에서 299수까지 가는 접전 끝에 반집의 승리를 끌어낸 것이 자위할 만한 전과라면 전과였다.

천의무봉天衣無縫으로 완벽한 것 같았던 선생님도 초중반에 너무 큰 차이로 벌어지지만 않는다면 끝내기에서 따라잡을 수 있다는 자신감이 생겼다.

그러나 그뿐이었다. 선생님은 11년을 지켜온 패왕전에서 더욱 강력하게 나를 압박해 3 대 0 완승을 이끌며 타이틀 12연패라는 대기록을 작성했다.

실패로 끝났지만 나의 첫 도전무대는 폭발적인 관심을 모았다. 도전기가 열리는 날이면 국내 주요언론들이 앞을 다투어 취재경쟁을 벌였다. 최고위전 도전4국이 속개된 1월 26일에는 유서 깊은 운당여관에 MBC-TV에서 특별취재를 나와 타이틀을 방어한 선생님과 최연소 도전기록을 세운 나를 인터뷰했다.

우연히 오래된 〈월간바둑〉을 보았다. 거기에 실린 빛바랜 사진. 그 속에서 나는 어수룩한 표정으로 말없이 방바닥만 내려다보고 있었고, 취재기자가 내민 마이크를 앞에 둔 선생님은 어린 제자와 타이틀을 다툰 사실이 쑥스럽다는 듯 어깨를 움츠리며 두 눈을 찡그리는 묘한 웃음을 짓고 있었다.

제자에게 정상의 험난함을 일깨워주며 타이틀을 방어한 것은 "세상은 결코 만만치 않다"는 준엄한 가르침이었다. 그리고 기묘한 웃음 속에는 제자를 향한 참을 수 없는 기쁨과 자랑스러움이 깃들어있음이 여실히 느껴졌다.

나는 아주 오랜 시간이 흐른 뒤 그런 스승의 마음을 확인할 수 있었다. 가까운 사람과 한의원을 찾았다가 대기실에서 집어든 〈포브스코리아〉에 선생님의 인터뷰가 게재돼있었는데, 거기 스승의 훈육에 관한 내용이 있었다.

"제 스승이신 세고에 선생님의 정신세계는 일반인과 차원이 달랐어요. 도인에 가까우셨어요. 저에게도 프로가 되기 전에 인간이 되라고 하셨죠. 바둑을 계속 두면서 '인간됨'을 강조한 선생님의 가르침을 어렴풋이 알 것 같습니다. 스승의 역할이 무엇인지도 확실히 보여주셨어요. 선생님께선 '제자가 가는 길을 터주는 것이 스승이다'라고 하셨어요. 한국에 와서 이창호를 내제자로 받아들였을 때도 선생님의 가르침을 꼭 실천하려고 노력했습니다."

그날 선생님의 웃음과 그 속에 숨겨진 제자에 대한 사랑을 생각하면 지금도 가슴이 뜨거워진다.

생애 첫 타이틀 획득

1989년 4월 나는 제2회 후지쯔배[•]에 한국대표로 출전했다. 출전기사는 한국의 타이틀 보유자(조훈현 9단, 서봉수 9단), 그리고 차세대 선두주자로 꼽힌 양재호 사범님(당시 6단)과 나, 네 사람이었다. 국제대회라면 한 해 전 IBM 조기오픈전에 출전한 적이 있지만 이쪽이 첫 번째 공식 세계대회 출전이었다.

도쿄의 후지쯔배 대진추첨식장에서 사회를 맡은 여자 아나운서는 나에게 관심을 보였다. 어린 티가 역력한 작고 뚱뚱한 소년의 세계대회 출전이 신기한 모양이었다. 대진추첨에서 나의 상대

[•] 후지쯔배 세계바둑선수권(世界圍碁選手權富士通杯), 약칭 '후지쯔배'는 사상 최초의 세계기전으로 1988년에 시작되었다.

로 뽑힌 왕밍완王銘琬 9단을 바라보며 이렇게 말했다.

"아직 열네 살짜리 어린앱니다. 살살 다뤄주세요."

객석에선 폭소가 터져 나왔고 한국의 출전기사들과 바둑관계자들도 웃으며 박수를 보냈다. 왕밍완 9단은 2000년, 2001년 연속 일본 기전서열 3위 타이틀 본인방本因坊을 차지한 대기만성형의 강자인데, 당시에는 그다지 주목받지 못했으며 "정상급에게 한 수 뒤진다"는 평가를 받고 있었다.

한국선수단이나 팬들은 비록 스승을 넘어서진 못했으나 서봉수 9단을 꺾고 도전무대까지 오른 이창호라면 왕밍완 정도는 이겨줄 것이라고 판단했는지도 모르겠다. 아니, 최소한 이기지는 못하더라도 "이창호의 두텁고 견고한 스타일에 왕밍완이 크게 고전할 것"이라는 기대를 보였는데 그 확신에 가까운 믿음은 송구하게도 다음 날 너무나 싱겁게 무너져버렸다. 패배를 자랑하듯 내 입으로 떠들 수는 없는 노릇이니 이 부분은 다른 분의 글(박치문, '이창호 이야기' 중에서 발췌)을 옮기는 게 좋겠다.

"그러나 이튿날 창호는 계산의 명수요, 돌부처다운 끈질긴 모습을 전혀 보여주지 못하고 매우 싱겁게 져버렸다. 나는 멍하니 생각에 잠기지 않을 수 없었다. 우리가 창호를 너무 과대평가했던 것일까. 그렇더라도 국내 강자들이 창호를 동자귀신 보듯 두려워하는 것은 사실이지 않은가. 승부가 끝나려면 한참 멀었는데도 반집 승부를 내다보고 인내를 하는 그의 계산력과 불가사의한 정신력은 김인 9단도 일찍이 인정한 것이 아닌가. 한데 어찌하여 왕밍완 정도에게 그리 쉽게, 허무하게 질 수 있단 말인가. 왕 9단이 들으면 서운하겠지만 그때는 그런 생각이었다. 그리고 나선 우리가 이창호에 취해 이창호를 정확히 보지 못하는 측면도 있지 않을까 반성도 했다. 무엇보다도 창호는 그 여성 아나운서의 말 그대로 아직은 열네 살 어린아이였으니까 말이다.

이후로도 창호는 외국무대에 나가면 잘 졌다. 처음 보는 상대에겐 특히 약했다. 1992년 이후, 그러니까 한국에서 1인자가 된 뒤에도 중국의 처쩌우라는 무명기사에게도 졌고 중국을 떠나 막 유랑을 시작한 여성강자 루이나이웨이芮乃偉 9단에게도 완패했다. 이 바람에 창호라는 천재소년을 실컷 자랑하고 그의 막강한 힘을 과시하며 크게 놀래주고 싶은 우리의 기대감은 번번이 좌절을 맛봐야 했다. 그렇다면 창호가 외국에만 나가면 힘없이 지는 이유는 어디에 있을까."

여하튼 1989년 벽두 최고위전과 패왕전 도전무대에 올라 '신예 유망주'의 꼬리표를 떼는 정도로 만족한 나는 여름부터 다시 가속페달을 밟기 시작했다. 왕위, 기왕, 국수, 최고위, 패왕, 명인, 대왕, 동양증권배 등 거의 전 기전의 본선무대에 진출했고 제8기 KBS 바둑왕전에서 4연승을 거두며 결승에 올랐다.

1989년 8월 8일, 내가 세상에 태어난 지 만 14년 10일이 지난 이 날 '세계최고'라는 목표를 향한 첫걸음이 떼어졌다. 김수장 사범님을 상대로 한 결승3번기에서 첫 타이틀을 획득한 것이다(이 타이틀 쟁취 기록은 타이틀 보유연령의 하향화 추세에도 불구하고 20여 년이 지난 지금까지도 신기록으로 남아있다).

반상의 황제, 날다

그 무렵 선생님의 모든 신경은 1989년 4월부터 시작된 응씨배● 결승5번기로 쏠려있었다. 지극히 당연한 일이었다. 프로는 상금으로 말하는 법이다. 40만 달러의 우승상금은 당시 국내타이틀 우승상금을 모두 합친 것보다 많았다. 결승시리즈 1차전(1~3국)은 중국 저쟝성浙江省의 성도 항저우杭州에서 막이 올랐다.

1차전은 녜웨이핑聶衛平 9단이 2승 1패로 한발 앞서며 막을 내렸다. 그러나 선생님은 포기하지 않았다. 8월의 마지막 날, 선생님은 응씨배 결승시리즈 2차전을 위해 싱가포르로 날아갔다. 선생

● 대만재벌 고(故) 잉창치(應昌期)가 40만 달러의 최고 우승상금을 걸고 1988년 창설한 최초의 본격적인 세계기전. '잉창치배'라고도 하며, 4년 주기로 개최되어 '바둑올림픽'이라고도 불린다.

님의 컨디션은 정상이 아니었다. 서울에서 준비해 온 감기약을 먹고 뜨거운 물로 샤워를 한 뒤 일찌감치 휴식에 들어갔으나 쉽게 잠을 이루지 못했다.

9월 2일 오전 10시, 72층 웨스틴스탠퍼드호텔 특별대국실. 제4국이 시작되었다. 흑을 쥔 선생님은 제2국과 똑같은 포석을 펼쳤다. 완패했던 바둑의 포석을 다시 들고 나온 것은 '같은 방법으로는 두 번 지지 않겠다'는 선생님 특유의 오기, 결연한 각오였을 것이다.

선생님은 이 대국에서 발 빠른 행마로 한발 앞서 실리를 챙기고 눈부신 타개로 승부를 마무리하던 필승공식을 버리고 과감한 세력작전으로 상대의 허를 찔렀으나 현지의 일방적인 성원을 등에 업은 녜웨이핑 9단은 쉽게 흔들리지 않았다.

300수를 넘기는 악전고투였다. 네 귀를 점령하며 집요하게 중앙을 파고들던 녜웨이핑 9단은 마지막 끝내기에서 무너졌다.

그리고 2승 2패의 원점으로 돌아가 9월 5일에 속개된 결승5국은 일방적인 승부였다. 흑을 쥔 선생님은 결승4국과는 달리 철저한 실리작전을 펼쳐 발 빠르게 세 귀를 점거하고 일찌감치 중앙에 뛰어들어 거대한 풍차를 만들었다. 중앙의 거대한 검은 풍차가 만들어낸 바람은 대륙의 희망을 단숨에 날려버렸다. '기성棋聖' 칭호까지 받으며 중국 최고의 영웅으로 떠올랐던 녜웨이핑 9단은 145수 만에 힘없이 무릎을 꿇었다.

한국기원 공개 해설장에서 이 대국을 해설하던 김수영 사범님은 선생님의 우승 소식을 전 국민에게 전하면서 만세를 불렀다. 목이 쉴 정도로 열변을 토하던 김 사범님은 목이 메어 제대로 말도 하지 못하고 감격의 눈물을 흘렸다. 한국에서 승부의 향방을 초조하게 지켜보았던 나 역시 가슴이 뜨거워 주체할 수 없었다.

변방의 한국바둑을 세계의 정점으로 끌어올린 역사적 승리. 이 날 선생님은 무슨 생각을 했을까. 이 또한 앞서 인용한 자료(박치문, '이창호 이야기')의 한 대목을 소개하는 것으로 대신한다.

"그날 밤 늦은 시각, 조 9단은 불도 켜지 않은 채 호텔방에 앉아있었다. 거대한 우승컵이 한쪽에서 웅크리고 있었고 테이블엔 40만 달러짜리 수표가 든 하얀 봉투가 덩그렇게 놓여있었다. 조 9단은 말이 없었다. 고요하면서도 무거운 분위기가 방 안을 지배하고 있었다. 신문기사를 위해 조 9단의 심정을 들어보려 들렀던 나는 바다밑 같은 분위기에 동화되어 함께 아무 말 없이 앉아있었다. 깊은 상념에 잠겨있던 조 9단이 어둠 속에서 침묵을 깼다.

'이젠 창호가 알아서 하겠지.'

조 9단의 말은 뜻밖이었다. 그 말에 응축되어있는 뜻은 풀이하자면 이랬다. '일본과 중국 바둑은 하늘처럼 높아서 우리의 상전 같은 존재였지만 나는 그들을 물리쳤다. 이렇게 물리치리라고는 나 스스로도 믿지 못했지만 기적같이 그 일을 해냈다. 앞으로는 누가 그 힘든 일을 해낼까…. 그 일은 그만 생각하자. 창호가 있으니까 알아서 하겠지.'

조 9단의 어투는 착 가라앉아있어 40만 달러짜리 우승컵을 막 따낸 사람치고는 어딘지 우울해 보일 지경이었다. 그는 자신의 승부인생에서 가장 빛나는 순간에 뜻밖에도 창호를 생각하고 있었고 그의 어조는 차분하여 묘한 서글픔마저 띠고 있었던 것이다.

'창호는 믿을 만한가' 하고 내가 묻자 조 9단은 '그럼, 믿을 만하지' 했다. 아홉 살 때 프로생활을 시작하여 근 30년간 쉬지 않고 달려온 조 9단은 인생의 정점에서 무슨 생각을 했던 것일까. 빛나는 성공, 그리고 그 뒤에 찾아온 오랜만의 휴식에 망연해졌던 것일까. 문득 외로워졌던 것일까. 아니면 이제부터 끝없이 이어질 제자 이창호와의 피나는 승부를 이때 이미 본능적으로 예감했던 것일까."

훗날, 이 글을 보고 나에 대한 선생님의 기대가 어떤 것인지 알게 됐고 그 기대는 지치고 힘들어 눕고 싶을 때마다 나를 일으켜 세워주는 의지가 됐다.

표현을 잘 하지 못하는 성격이라 선생님에게 믿음직스런 말 한 마디 제대로 건네지 못했지만, 그 의지와 감사하는 마음만은 언제나 가슴 깊이 간직하고 있다.

선생님은 조남철 선생과 함께 청와대에서 은관문화훈장을 받았다. 정부가 선생님의 훈장 수여를 결정하자, 선생님은 "이 땅에 현대바둑을 파종한 조남철 선생이 먼저 받지 않으면 안 된다"고 주장했고 정부가 그 주장을 받아들인 것이다.

그리고 선생님이 생애 최고의 절정을 맛본 그해 겨울, 위대한 스승과 그 뒤를 잇고자 하는 제자의 승부가 다시 시작됐다.

숙명의 타이틀, 최고위

1989년 12월에 세 번째 사제대결이었던 국수전에서 1승 3패로 물러난 나는 최고위전에서 1승 1패를 기록하며 해를 넘겼으나, 관철동의 관측자들은 "네 번째 사제대결 역시 절대자 조훈현의 영광으로 끝날 것"이라며 고개를 저었다.

비록 최고위전에서 1승 1패의 호각을 보였지만 이전까지 내가 선생님을 상대로 기록한 전적은 초라했다. 28기 최고위전 1승 3패, 24기 패왕전 3연패, 33기 국수전 1승 3패를 포함, 종합전적

2승 13패의 뚜렷한 격차를 보이며 타이틀 획득에 실패해왔으므로 관측자들의 예상은 지극히 당연한 것이었다.

게다가 응씨배 우승으로 절정에 오른 선생님은 그때까지 122회에 걸친 타이틀전을 치러 108회 우승, 14회 준우승을 기록해 90퍼센트에 육박하는 타이틀전 승률을 기록하고 있었다.

그러나 나는 최고위전 도전3국에서 두터운 반면 운영으로 선생님의 빠른 발을 묶어 157수 만에 승리를 끌어내면서 이전과는 다른 흐름을 만들어냈다.

관철동은 다시 긴장의 도가니가 됐다. 도전4국은 '번개 발'로 세 귀를 점거하고 중앙을 무력화한 선생님의 완승으로 끝나 종합전적 2승 2패. 운명처럼 마지막 한 판만을 남겨놓았다.

1990년 2월 2일, 도전5국의 막이 오른 아침 9시 40분. 우리 사제는 조금 늦게 사모님이 운전하는 승용차에 몸을 싣고 한국기원으로 출발했다. 대국 개시 정각으로부터 5분 지각. 우리는 나란히 제한시간 10분을 공제하고 무대에 올랐다.

누가 흑을 쥐게 될까도 지대한 관심사였는데● 운명의 신은 나에게 흑을 건네주었다.

승부는 최종국답게 마지막 순간까지 예측을 불허하는 박빙의

● 바둑에서는 선착(先着)의 효과 때문에 먼저 두는 흑을 잡은 쪽이 훨씬 유리하다.

혈투로 이어졌다. 나는 네 귀를 선점하고 선생님의 빠른 발이 파고들지 못하도록 도처에 벽을 쌓았다.

내가 쌓은 벽은 세력과 공격 지향의 두터움이 아니라 실리와 수비 지향의 두터움이었다. 계산도 번개처럼 빠르고 정확한 선생님은 "반집을 이기는 줄 알았다"고 했는데 이 대국은 결국 나의 반집승으로 끝났다. 두터움 속에 감춰둔 반집이었다.

카메라 플래시의 폭죽 속에서 나는 속눈썹을 깜박이며 고개를 숙였고 선생님은 얼굴을 두 손으로 감싸 쥐며 허탈하게 웃었다. 언젠가는 제자의 손으로 넘어가리라고 생각했던 타이틀이 하필이면 '최고위' 일 것이라고는 선생님도 미처 예상하지 못한 것 같다.

1974년, 내가 태어나기 한 해 전에 선생님의 생애 첫 타이틀이었던 '최고위'는 그렇게 16년 만에 나의 손으로 넘겨졌고, 언론은 우리 사제의 최고위 이양에 '보은대전報恩對戰'이라는 타이틀을 붙였다.

집에 돌아가자 작은엄마(사모님)는 "창호, 다 컸네" 하고 등을 쓸어주었다. 할머니(선생님의 어머니)도 "잘했다"고 웃으며 맞아주었다. 나는 왠지 모르게 눈물이 쏟아질 것 같아 꾸벅 인사를 하고는 2층의 내 방으로 얼른 올라갔다.

나는 1990년 2월 27일 프로신왕전에서 김승준 초단에게 승리한 이후 9월 2일 기성전에서 유창혁 4단에게 패할 때까지 41연승을 거두었다. 또 하나의 신기록 수립이었다.

그리고 1990년 10월 10일, 최고最古의 전통을 자랑해온 국수國手의 세대교체가 이루어졌다. 선생님은 10년을 지켜온 국수 타이틀을 나에게 넘겨주었다.

결과는 3연승이었지만 어렵지 않은 대국이 없었다. 나는 한 판 한 판 필사적인 배움의 자세를 잃지 않고 최선을 다했다. 실전實戰만한 공부는 없다. 그리고 세계최고의 승부사로부터 받는 실전교육은 나에게도 결코 흔한 기회가 아니었다.

둥지를 떠나다

1991년 벽두에 선생님과 사제도전기 10번기를 벌였다. 최고위 타이틀은 한 해 전 선생님으로부터 넘겨받아 방어전에 나선 것이고 대왕전은 새로운 도전의 무대였다.

그런데 문제가 발생했다. 한국〈월간바둑〉과 일본〈위기구라부〉의 특별기획으로 사제도전기 10번기 일정 안에 일본의 요다 노리모토依田紀基 8단과 '한일 신예대표기사 5번기'를 끼워 넣은 것이다.

이 일은 좀 이상했다. 일본기원이라면 어땠을까. 즉각 "당신,

제정신이냐?"는 반문에 부딪칠 것이다. 만일 한국에서 그런 제안을 했다면 저쪽에서는 정중하게 거절할 것이 분명하다.

공식 타이틀매치의 기간에 부담스러운 국제대국 이벤트를, 그것도 5번기나 되는 일정을 끼워 넣는다는 발상은 아무리 생각해도 이해하기 어렵다.

아무튼 한국은 "일본이 상금을 부담한다"는 미끼를 덥석 물었고 한국의 공식 타이틀 3관왕과 일본의 신인왕이 동등한 조건으로 격돌하는 한일 신예대표기사 5번기는 누구의 이의도 없이 진행됐다. 당시 〈월간바둑〉은 불특정다수의 의견임을 전제로 이런 글을 실었다.

"승부란 지기도 하고 이기기도 하는 것. 이창호가 진정으로 최강자가 되려면 이런 국제시합을 통해 경험과 감각을 쌓아야 하며 저쪽에서 싸워보자고 도전해온 것을 '이용당한다, 질 수도 있고 지면 체면 손상이다'라는 이유로 회피한다면 프로의 자세로는 정당한 것이 아니다. 붙어서 지든 이기든 승부를 결決하는 것이 바둑팬을 위함이다."

비약이 심했다. 당당한 공식타이틀 보유자가, 해외에서 누군가 도전해오면 타이틀매치 기간이라도 다 받아주어야 하는가? 또 그것을 회피하면 프로의 정당한 자세가 아니라고 비난받아야 하나?

당시 내가, 어떤 대국이든 상대가 누구든 피하지 않는다는 생각을 가졌던 건 맞다. 그러나 그런 생각과 타이틀 보유자를 보호하고 의전의 격을 지켜야 하는 관계자들의 업무는 별개의 문제라고 생각한다.

나는 1980년 12월 말경에서 1981년 1월 초 사이에 이루어진 '조치훈 명인 모국 방문 기념대국(조훈현 대 조치훈)'을 기억한다. 그때 선생님은 한국의 전관왕이었음에도 불구하고 차등의 대국료를 받았다. 액수는 같았지만 조치훈 9단은 엔화로, 선생님은 원화로 받았다고 한다.

거꾸로 생각하면 저쪽에선 분명, 이벤트일망정 일본의 명인이 한국의 타이틀 보유자와 동등한 대국료를 받고 바둑을 두는 것은 일본 프로바둑의 격을 낮추는 일이라고 생각했을 것이다. 가치란, 지키려고 노력하는 곳에만 부여되는 법이다.

결과부터 말하면 나는 이 특별기획 이벤트에서 1승 3패로 패했다. 서울에서 1승 1패를 기록했으나 도쿄에선 2연패로 무너졌다. 패배에 관한 변명을 늘어놓고 싶지는 않다. 당시의 나는 기세가 충일하지 못했고 요다 노리모토 8단은 내가 패한다고 해도 전혀 이상할 게 없는 강자였다.

한편 한일 신예대표기사 5번기 도중, 그러니까 2국이 끝난 시점인 2월 6일, 대왕 타이틀이 나의 수중으로 넘어왔다. 3승 1패의 스코어. 선생님의 생애 첫 타이틀이었던 최고위, 1인자의 상징 국수,

이어서 대왕까지. 사람들은 "이제는 이창호가 조훈현의 품을 떠날 때가 됐다"고 입을 모았다.

　최고위를 쟁취할 때부터 조심스럽게 흘러나온 나의 독립은 그렇게 결정됐다. 스승이 제자에게 "더 이상 가르칠 것이 없으니 이제 그만 하산하라"고 했고, 내게도 "3월 고등학교 입학에 맞춰 독립한다"는 명분이 있었다. 선생님은 북한산 자락에 멋진 새 보금자리를 틀었고 나는 전주 가족들의 왕래를 생각해서 강남 고속버스터미널 근처 아파트로 옮겼다.

　그러나 남과 북으로 갈라진 선생님과 나는 곧 다시 만났다. 한 바둑잡지는 "제자가 대왕 하나로 만족하지 못하는 것 같다. 더 큰 독립기념 선물을 원하고 있다"고 썼다.

　대왕 쟁취 일주일 뒤 나는 선생님이 가진 또 하나의 타이틀에 도전장을 내밀었다. 왕위였다.

　2월 13일부터 4월 24일까지 이어진 제25기 왕위전王位戰❶ 도전7번기 시리즈의 초반은 선생님의 뜻대로 풀려나갔다. 도전1국은 선생님의 역전승이었다. 이때까지 선생님과의 거의 모든 대국이 초중반까지 선생님의 우위로 유지되다가 후반에 내가 따라붙어 역전시키는 패턴이었던 것을 생각하면 이 결과는 상당한 의미가

---

❶ 중앙일보사가 주최하는 바둑대회.

있었다.

선생님은 그 여세를 몰아 도전2국도 승리했다. 사람들은 "드디어 조훈현이 제자 길들이기에 나섰다"고 했다. 하지만 나는 도전3국부터 도전5국까지 3연승을 거두며 단숨에 시리즈의 주도권을 잡았다.

도전6국은 선생님의 기막힌 반집승. 그리고 도전7국에서 백을 쥔 나의 승리로 결국 왕위 타이틀은 내가 가져오게 되었다.

승부가 끝나는 순간, 양반다리로 앉은 채 넥타이를 풀어헤친 선생님은 소파 뒤로 몸을 젖혔다가 이마를 짚었다. 표정은 모두가 숙연했다. 줄기차게 흐르는 땀을 닦던 나는 이 난감한 상황이 힘에 겨워 말없이 고개를 숙인 채 두 눈을 깜박거릴 뿐이었다.

이후 6월 한 달 사이에 나는 두 개의 국내타이틀을 추가하고 하나의 세계타이틀 결승진출을 확정지었다. 나는 1991년을 68승 23패, 승률 74.7퍼센트로 마감했다.

많은 기자들이 국내 최정상에 선 소감에 대해 질문해왔다. 당시 나는 기쁘면서도 몹시도 송구스러워, 내 생각을 제대로 전하지 못했다. 하지만 지금의 내가 그 시절로 돌아간다면, 아이작 뉴턴의 말을 꼭 인용하고 싶다.

"만일 내가 다른 사람보다 조금이라도 멀리 내다볼 수 있었다고 한다면, 그것은 내가 거인의 어깨 위에 서있을 수 있었기 때문이다."

스승은 나의 등대였다. 나는 조훈현이라는 거인의 어깨 위에 올라타 비로소 넓은 세상을 시야에 담을 수 있게 된 난쟁이에 불과했다.

300국이 넘는 사제대국을 치르면서 하나둘씩 타이틀을 넘겨주고 때때로 허탈하게 쓴웃음 짓던 나의 선생님, 조훈현 9단. 하지만 나는 어디에서도 나를 내제자로 받아들인 일을 후회한다는 선생님의 말을 들어본 적이 없다.

내가 선생님이었다면 과연 그렇게 초연할 수 있을까. 솔직히 난 자신이 없다. 10년 전쯤에는 막연하게 '나도 나이가 들면 재능이 뛰어난 아이들을 발굴해 후진 육성을 해야겠다' 하는 생각이 있었지만, 선생님의 마음에 더욱 가까워질수록 점점 더 엄두가 나지 않는다.

실패한 재능처럼 평범한 것은 없고 인정받지 못한 천재는 세상에 널려있다. 그것이 세상사의 이치일진대, 더없이 범상한 내가 선생님이 빌려준 높은 어깨가 아니었다면 더 높이, 더 멀리 날아오르고자 하는 추동력을 과연 어디에서 얻을 수 있었을까.

三. 승부는 세계로

균형을 발판삼아 | 도전과 응전, 시련과 영광 | "그래봤자 바둑, 그래도 바둑" | 세계최강 한국의 깃발을 들다 | 마음을 담은 바둑 | 두터움 속의 민첩함 | 세계를 제패한 스승 | 프로바둑 1호 공익근무요원 | 징크스의 극복 | 고통의 에너지를 불사르다

균형을 발판삼아

이즈음 나의 바둑은 변화를 보이고 있었다. 입단 초기의 발이 느린 극단적 두터움으로부터 진화해 유연함을 갖추기 시작했다. 두텁다는 점에선 달라지지 않았으나 단점으로 지적되던 포석단계의 미숙함이 줄어들고 실리를 잃지 않으면서 전국의 균형을 잡는 감각이 다듬어졌다.

바둑은 균형을 다투는 게임이다. 실리든 세력이든 어느 한쪽으로 극단적으로 기울면 그만큼 승리의 길은 멀어진다. '살아있는 기성棋聖'으로 추앙받는 우칭위엔 선생이 갈파한 "바둑은 조화調和"라는 말과도 같다.

나는 '두터움'을 균형의 저울추로 삼았다. 바둑판 위에 잠복한 두터움은 중반 이후 종반에 이르기까지 실리가 부족할 때는 집으로, 국면이 엷을 때는 세력으로 변화했다.

1992년 1월 27일, 나는 한 차원 높은 도약의 계기를 맞았다. 1991년 대만에서 1승 1패를 기록하며 해를 넘겼던 제3기 동양증권배* 결승3~5국에서 세기의 거장 린하이펑林海峰 9단을 밀어내고 최연소 세계타이틀 획득(16세 6개월)의 기록을 세운 것이다.

린 9단과의 대국에서는 처음부터 끝까지 중압감에 시달렸다. 특히 그때까지 대국한 기사 중 나와 기풍이 가장 흡사한 분이라 어려움이 있었다.

하지만 중압감을 느낄 만큼 강한 상대일 경우 오히려 부담이 적은 나의 성향이 도움이 됐다. '대기사에게 한 수 가르침을 받는다'는 마음가짐이 안정을 가져다주기 때문이다.

두터움의 운용에 대한 배움도 배움이려니와 린 9단의 존경할 만한 인품, 매너 등에서도 많은 교훈을 얻었다.

1월 23일 경주 힐튼호텔에서 속개된 결승3국을 패해 벼랑에 몰린 나는 이틀 뒤 서울 라마다올림피아호텔로 장소를 옮긴 결승4국

---

* 동양증권배 세계바둑선수권대회는 1989년 동양증권이 창설하여 해마다 열고 있는 기전이다. 2기까지는 국내대회였으나 3기부터 세계대회로 격상되어 응씨배, 후지쓰배와 더불어 3대 국제바둑대회로 꼽힌다. 1998년을 끝으로 이 대회는 동양종합금융증권배 한중일국가대항전으로 명칭이 바뀌었다.

에서 종반까지 엎치락뒤치락하는 박빙의 경합을 벌이다가 278수 만에 4집반승을 거두었다. 이제는 몸에 잘 맞는 옷처럼 익숙해진 '두터움'의 위력이 발휘된 종반 끝내기의 승리였다.

마지막 한 판을 남겨두고 결승5국에서 누가 흑을 쥐게 될 것인가에 관측자들의 비상한 관심이 모아졌는데, 27일 막을 올린 결승5국에서 돌을 가려 린 9단의 흑이 결정됐다.

관계자들은 일찌감치 "두 기사 모두 돌다리를 두드리고도 건너지 않는 두텁고 견실한 기풍의 소유자라 최종국에서 흑을 쥐는 쪽이 우승할 가능성이 높다"는 결론을 내려놓고 있었기 때문에 나의 백이 결정되는 순간 (대국실의 나는 몰랐지만) 현장은 빠른 속도로 냉기류에 휩싸였다고 한다.

대국이 시작되고 나도 린 9단도 마지막 승부임을 의식해 새로운 시도보다는 평범한 길, 익숙한 길로 나아갔다. 좋은 수를 두기보다는 나쁜 수를 두지 않기 위해 최선을 다하는 승부.

겉으로는 별다른 싸움도 없고 지루한 집짓기로 일관하는 것 같지만 대국자들에게는 침묵 속에서 보이지 않는 창칼이 교환되는 이런 승부야말로 한 칸 한 칸의 경계를 설정할 때마다 피가 마르는 가장 두려운 전쟁이다.

이런 승부는 종반에 어느 쪽에서 더 큰 실수를 범하는가, 어느 쪽의 실수가 더 잦은가로 명암이 엇갈리는 경우가 많은데 바로 그

'게임의 법칙' 대로 승자와 패자가 결정됐다. 조심성이 극도로 발휘되는 닮은꼴의 기풍이라지만 오십대의 린 9단과 십대의 나는 체력과 집중력에서 차이가 드러날 수밖에 없었다.

결승5국은 "큰 승부에 명국^{名局} 없다"는 말처럼 쌍방 모두 종반의 실수가 많았다.

그렇지만 백을 쥔 게 부담스러워 장기전으로 끌고 간 전략이 주효했다. 승리의 여신은 마지막 끝내기에서 나의 손을 들어주었다. 그때까지 불리하다고 생각했으나 나도 모르게 상황이 역전돼 있어 놀랐다. 235수 만에 끌어낸 1집반의 승리였다.

어린 나이에 세계대회에서 우승한 것은 매우 기쁜 일이었지만, 더 많은 공부가 필요함을 절실히 느꼈다. 초반포석과 중반전투는 여전히 어렵고 힘든 부분이었다.

대국이 끝나고 시상식을 마무리한 뒤 가진 인터뷰에서 린 9단은 나에게 과분한 칭찬을 안겨주었다.

"이창호는 제 막내아들보다 나이가 한 살 어리지만 실력은 이미 저를 초월했습니다. 앞으로 세계최고의 기사가 될 것을 확신합니다. 최선을 다했으나 이창호의 기력이 워낙 출중해 힘에 부쳤습니다. 언젠가 다시 한 번 둘 수 있는 기회가 주어지기를 기대합니다."

나는 현장을 가득 메운 보도진과 바둑관계자들 앞에서 막내아들보다 어린 상대에게 패한 아픔을 다스리고 솔직담백한 패자의 변을 들려준 린 9단에게 깊은 감명을 받았다.

시리즈 전반에 걸쳐 시종일관 바뀌지 않는 진지한 구도求道적 자세, 흔쾌히 패배를 인정하고 겸허하게 허리를 굽히는 대인의 모습. 어쩌면 나는 프로기사가 걸어야 할 가장 이상적인 길을 걷는 린 9단을 통해 '미래의 나'를 그려보았던 것인지도 모르겠다.

인간관계에도 '두터움'과 '균형'이 존재한다. 인간관계의 균형이란 서로 공평하게 주고받는 믿음을 말하며, 두터움은 그 믿음을 지탱해주는 겸손이다. 그러니 겸손한 사람이 많은 사람들로부터 신뢰받는 것은 당연한 이치다.

도전과 응전, 시련과 영광

1989년 응씨배 결승 이후 최고의 승부로 꼽힌 제3기 동양증권배 결승은 KBS-TV를 통해 전국에 중계될 만큼 폭발적인 관심을 모았고, 전국에 어린이바둑교실 신설 붐을 일으켰다.

동양증권배 우승으로 '최연소 세계대회 우승'을 기록한 직후 청와대에서 연락이 왔다. 전년 '장한 청소년상 수상자 초청면담' 이후 두 번째 청와대 방문이 결정됐다. 대통령으로부터 "정말 장한 나라의 보배"라는 격려를 받았는데 쑥스러워서 진땀이 났다.

그때부터 '천재 소년기사'라는 표현은 식상한 과거의 수식어가 되었다. '신동', '괴동', '애늙은이', '강태공', '능구렁이'…. 1년 전까지만 해도 이런 별칭들이 따라다녔지만, 이내 더욱 무시무시한 표현들이 등장하기 시작했다.

'터미네이터', '외계인', '기신棋神', '신산神算'…. 심지어 어떤 사람은 "그 옛날 중원천하를 표표히 떠돌며 기성棋聖의 경지를 추구하던 비운의 바둑고수가 가슴에 한을 품고 환생한 넋이 바로 이창호"라고까지 설파했다. 한때 아이들 사이에 바둑열풍을 불러일으켰던 일본만화 『히카루의 바둑』[•]과도 같은 발상이다. 신문을 펼치면 민망해서 얼굴을 들 수 없는 날들이었다.

무적의 바둑괴물쯤으로 취급되고 있었지만 정작 나는 "단 한 번만이라도 나무랄 데 없는 바둑을 두고 싶은 게 평생소원"이었다. 나는 타이틀 보유자가 된 이후에도 오랫동안 "포석과 전투가 약하다"는 말을 많이 들었다. 스스로도 그것을 인지하고 있었고, 노출된 약점을 보완하기 위해 부단히 노력했다. 한 판의 승부가 끝날 때마다 철저한 연구검토를 통해 약점을 고쳐나가고자 했다.

승리를 되새기는 일은 즐겁지만 패배를 되짚어 실수를 음미하는 작업은 필연적으로 과중한 스트레스를 부른다. 연구검토를 통

• 국내에서는 『고스트 바둑왕』이라는 제목으로 알려져 있다. 헤이안시대의 바둑기사 후지와라노 사이의 영혼이 에도시대의 바둑명인 혼인보 슈우사쿠를 거쳐 현대에 환생한다는 내용이다.

해 실수를 깨닫는 동시에 '그때 여기서 이렇게 두었더라면 이길 수 있었을 텐데'라는 자책이 아픈 상처로 되살아난다.

패국敗局의 연구검토는 이미 아문 상처를 다시 째는 고통을 견디는 작업이다. 그것을 꾸준히 지속하는 데는 가슴에 칼을 꽂는 아픔을 견뎌내는 의지가 필요하다. '참을 인忍' 자가 가슴에 칼을 꽂는 형상을 가진 이유도 그런 데 있을 것이다.

나는 최연소 세계타이틀 보유자가 됐음에도 불구하고 입단 초기부터 꾸준히 꼬리표처럼 따라붙은 "안방에서만 강한 이창호"라는 불명예를 시원하게 벗어던지지는 못했다.

1월 29일 유창혁 9단을 3 대 0으로 뿌리치며 대왕을 방어했으나 2월에 있었던 SBS 세계바둑최강전에서 다시 만난 린하이펑 9단에게 고전 끝에 무너졌다.

흔히 사람들은 나에게 '재능', '풍족한 환경', '최고의 스승'이라는 성공의 3박자를 다 갖춘 행운아라고 말한다. 틀린 말은 아니지만 그렇다고 해서 모든 것을 다 완벽하게 갖춘 것은 아니었다.

무엇보다 나에게는 어린 시절부터 천형처럼 들러붙은 강박관념이 있었다. 해외기전, 낯선 상대, 낯선 환경에서 홀연히 찾아드는 강박관념은 중요한 승부의 고비에 설 때마다 항상 나를 괴롭혔다.

3월에는 최고위전의 새로운 도전자 서능욱 9단을 3승 1패로 따돌리며 타이틀을 지켰으나, 4월에는 린하이펑 9단에게 패한 것과는 비교도 안 되는 충격의 패배가 기다리고 있었다.

4월 4일 도쿄 제5회 후지쯔배 세계선수권전 본선 1회전에서 그때까지 전혀 이름이 알려지지 않았던 중국의 처쩌우 7단에게 254수까지 끌려가 1집반을 패한 것이다.

이해 여름, 나는 응씨배 16강전에서 '철의 여제' 루이나이웨이 9단에게 패하며 다시 한 번 "스승에게만 이기는 법을 터득한 1인자"라는 조롱을 받아야 했다. 이때의 패배는 정말 바둑을 그만두고 싶을 만큼 괴로웠다.

나는 이후로도 낯선 상대와 낯선 환경을 극복하기까지 3년여의 세월을 참고 견뎌야 했다. 대왕전에서 3승 1패로 물리쳤던 유창혁 9단이 왕위전에서 다시 도전장을 내밀었다. "나는 원래 인내력이 없는 사람"이라고 했던 유 사범님은 큰 승부에 강한 프로답게 그 어느 때보다 치열하게 나를 밀어붙였다.

나는 5월 25일 최종7국에서 왕위를 잃었다. 동시에 진행된 BC카드배에서 선생님을 3 대 0으로 뿌리치며 타이틀을 획득하고 유 사범님을 상대로 한 MBC 제왕전에서 우승을 차지했으니 컨디션이 나빴다고 할 수는 없었다.

1992년은 내가 처음 동시다발적으로 다양한 도전자와 겨룬 최초의 해였을 것이다. 대왕, 왕위, MBC 제왕전에선 유창혁 9단, 비씨카드배, KBS 바둑왕, 국수, 기성에선 선생님, 박카스배에선 서봉수 9단, 명인전에선 양재호 8단, 최고위전에선 서능욱 9단. 총 10개의 기전에서 다섯 명의 정상급 프로와 타이틀매치를 벌여 왕위를 잃고 국수탈환에 실패했으나 나머지를 방어하거나 획득했다. 총 대국 112국, 87승 25패, 승률 77.7퍼센트였다.

"그래봤자 바둑, 그래도 바둑"

1993년 초 나는 4~6월의 대회전大會戰(제4회 동양증권배 결승5번기)을 앞두고 일찌감치 체력안배에 들어갔다. 4월에 있었던 후지쯔배 예선은 불참을 통보했다.

잘 모르는 사람들은 "이창호는 강철체력"이라고 말했지만 나는 이미 이때부터 폭주하는 대국으로 체력이 고갈돼 힘겨워하고 있었다. 전관제패를 눈앞에 둔 나의 대국 스케줄은 살인적인 강행군으로 이어질 수밖에 없었기 때문에 충분한 이유가 되었다.

일본기원과 후원사 후지쯔 쪽에선 난색을 표하며 한국기원으로 연락해 나에게 재고를 요청해왔다. 강력한 우승후보가, 그것도 한중일 프로바둑계를 통틀어 유일한 십대 세계챔피언이 불참하는 것은 대회의 흥행에 분명한 마이너스요소라고 생각한 것 같다.

그러나 나의 결심은 확고했다. 한발 앞서 유 사범님이 왕위전 도전기에 전념하기 위해 최고위전 예선 출전을 스스로 포기한 예가 있어서 결정이 어렵지는 않았다.

동양증권배 결승5번기 제1, 2국은 4월 제주도에서 막이 올랐다. 상대는 한 해 전 일본의 1인자 고바야시 고이치小林光一 9단과 '본인방 3년 전쟁'을 승리로 이끌고 1인자 복귀에 박차를 가하던 조치훈 9단. 기技와 예藝의 경지에서 절정의 감각을 보이고 있었기에 일본의 한 바둑잡지는 '뉴NEW 치훈'이란 신조어를 만들어 조 9단의 1인자 복귀를 기정사실화하고 있었다.

제주로 날아온 조 9단은 "이창호는 아직 약하다. 우리가 그에게 바둑이 무엇인가를 가르쳐주지 않으면 안 된다"고 말했다.

4월 22일 첫 대국에서 흑을 쥔 조 9단은 자신감 넘치는 반면 운영으로 초중반을 리드했지만 종반에 판도는 바뀌었다. 결과는 나의 승리였다. 첫 대국은 총 3국 중 가장 어려웠던 대국이었다. 반드시 패배할 바둑을 조 9단의 방심으로 그저 '주웠다'고 표현해야 옳을 것이다.

결승1국이 끝나고 산방산 앞 횟집의 제주특산 다금바리와 흑돔 그리고 약간의 술을 곁들인 저녁자리에서 조 9단은 취기를 빌어 여러 차례 나에 대한 속마음을 드러냈다고 한다.

"바둑보다 사람이 중요해요. 우리가 그것을 가르치고 일깨워줘야 해요. 다른 사람들이 30년, 40년이 지나야 겨우 깨닫는 것을 이창호는 희한하게도 벌써 터득했어요. 고생을, 진짜 고생을 해야 하는 건데 말이에요. 하나하나 단계를 밟으면서 바둑의 오묘함을 깨닫는 게 정상인데…, 그런 고생을 해야 진짜인데…, 이창호의 바둑에는 그런 고생이 결여돼있으니 우리에게 책임이 있어요. 이창호를 위해서도 우리가 이겨줘야 해요."

조 9단은 보기 드물게, 겉으로 드러난 성공 이상으로 '두터운' 내면의 철학을 쌓은 분이다. "그래봤자 바둑, 그래도 바둑"이라는 그의 푸념은 바둑의 길을 일념으로 걸어온 프로기사로서 자신의 삶을 압축해놓은 촌철살인寸鐵殺人의 잠언으로 꼽힌다.

어떤 사람들은 바둑을 "인생의 축소판"이라거나 "작은 우주"라고 하고, 또 어떤 사람들은 "잡기雜技에 불과하다"고 한다. 그 행간에 담긴 애증의 골은 깊고도 넓다.

바둑 하나로 부와 명예를 거머쥐었으나 그것은 어디까지나 바둑이라는 작은 세계일 뿐이다. 그러나 그 모든 것을 뒤집어 말하면 일평생 오직 한마음으로 바둑 한 길만을 걸어왔기에 바둑은 그의 전부라고 말할 수 있다. 가볍지 않은 삶의 의미를 "그래봤자 바둑, 그래도 바둑"이라는 가벼운 푸념에 담는 철학의 깊이는 아무나 가질 수 있는 것이 아니다. 혼신을 다해 바둑에 매달릴 수밖에 없는 승부사의 독백은 깊은 울림을 준다.

조치훈 9단의 캐릭터는 간단하지 않다. 그는 자신이 몸담고 있는 일본바둑계의 그 누구보다 위트가 뛰어나고 다정다감한 사람이지만 1994년 대망의 서열 1위 기성에 복귀했을 때 기쁨보다 우울함을 먼저 내비칠 만큼 독특한 페이소스를 가진 철학적 프로이기도 하다.

조 9단은 "1인자의 자리를 되찾았지만 이제는 일본의 1인자가 세계의 1인자라고 말할 수 없기 때문에 크게 기쁘지 않다"고 했다. 그는 자부심이 강하지만 자기의 두 발로 서있는 위치가 어디쯤인지를 누구보다 잘 아는 겸손한 사람이다.

그는 가식을 싫어한다. 오래전 부산에서 '조치훈 초청 바둑쇼'가 열렸을 때 바둑을 잘 모르는 부산지역의 기자가 인터뷰를 요청해왔다. "정말 오랜만에 고향으로 돌아왔는데 감회가 어떠십니까?"라는 의례적인 질문을 던진 기자는 그때까지 자기가 경험한 인터뷰의 정석대로 "가슴이 벅차고 목이 멥니다"라는 정도의 답을 기다리고 있었을 것이다.

그러나 조 9단은 그런 사람이 아니었다. 부산이 고향이라고 하지만 부모가 부산에 살고 있는 것도 아니고 철모르던 여섯 살 때 일본으로 건너가 고향이라는 단어에 관한 느낌조차 희미했다. 대부분의 사람들은 이럴 경우 느낌이 없더라도 "아, 정말 감회가 새롭습니다"라는 정도로 기자의 요구에 부응하겠지만 조 9단은 생리적으로 그런 게 되지 않는 사람이었다.

인터뷰는 실패로 끝났다. 그의 정서를 이해하지 못하는 사람들에게 조 9단은 '향수鄕愁도 없는 무정한 인물' 쯤으로 기억됐을 것이다. 많은 한국인들이 '조치훈은 한국말을 잘 못해서 한국에서 인터뷰하는 것을 싫어한다'고 알고 있는데 그것은 대단한 오해다.

조 9단은 인터뷰를 싫어하는 게 아니라 기자들의 입맛대로 말해줘야 하는 가식을 싫어할 뿐이다. 또 한국말을 못하는 게 아니고 한국에서만 사용되는 어휘나 표현에 서툴 뿐이다.

어린 나이에 일본으로 건너가 40년이 넘도록 일본에서만 생활해온 사람에게 한국의 정서에 어색하지 않게 말하라는 것은 무리한 요구일 수밖에 없다.

실제로 그는 일본바둑계에서 가장 인터뷰에 능한 인물로 꼽힌다. 도전기 전후의 소감, 타이틀 획득 기념식 등에서 항상 재치 있는 말로 기자들에게 '쓸 거리'를 제공하는 가장 즐거운 취재대상이 바로 조 9단이다.

도쿄에서든 서울에서든 조 9단의 있는 그대로를 바라보며 그의 솔직한 말에 귀를 기울일 준비만 돼있다면 매력적이고도 다정다감한 그의 마음을 엿보는 것은 그리 어려운 일이 아닐 것이다.

아무튼 제4회 동양증권배 결승5번기에서 조 9단은 나에게 '한발 앞서 길을 걸어온 사람의 연륜年輪'을 보여주고자 했다. 하지만 결승2국은 284수 끝에 나의 반집승으로 끝났다.

그리고 6월에 이어진 최종국 역시 232수 만에 반집승을 거둬 마침내 전승을 이루었다. 조 9단은 시상식에서 "세계의 천재로서 자만하지 말고 정진해달라"고 당부했다. 그의 뜨거운 마음은 나에게 그대로 와 닿았다.

일본기원이 발행하는 바둑주간지 〈슈칸고週刊碁〉는 "세계가 이창호를 쫓는다"는 제하의 긴 특집기사를 실었다. 스스로 한국바둑의 울타리를 넘어 세계로 나아가고 있음을 실감한 계기였다.

세계 최강 한국의 깃발을 들다

1993년 2월 한국바둑의 비약적인 발전에 고무돼 새롭게 막을 올린 제1회 진로배眞露杯❶에서 한국은 중국, 일본을 물리치고 우승컵을 거머쥐었다.

5월에는 서봉수 9단이 바둑올림픽으로 불리는 제2회 응씨배를 쟁취하며 선생님의 영광을 재현했고, 바로 그 다음 달 내가 조치훈 9단을 뿌리치고 동양증권배 2연패에 성공했다.

7월에는 난공불락으로 여겨지던 제6회 후지쯔배 4강전에서 선생님과 유창혁 9단이 나란히 결승에 진출함으로써 사실상 우승을

---

❶ 진로배 세계바둑최강전은 진로그룹과 서울방송(SBS)이 1992년 공동으로 창설한 세계기전이다. 한중일 3국의 대표 5명이 겨루는 연승전으로, 1997년 2월 제5회 대회를 마지막으로 중단되었다. 한중일 국가대항 연승전은 이후 농심신라면배 세계바둑최강전으로 이어졌다.

확정해 세계대회 단체전, 개인전을 모조리 휩쓰는 위업을 이룩했다. 특히 유창혁 9단의 후지쯔배 우승 과정은 한 편의 드라마였다.

선생님과 유창혁 9단의 준결승 상대는 각각 '도살자'라는 무시무시한 별명을 가진 가토 마사오加藤正夫 9단과 '록키'라는 별명 그대로 뚝심 있는 한 방으로 유명한 아와지 슈조淡路修三 9단이었는데, 두 대국 모두 초반의 실수를 만회하지 못한 채 악전고투를 벌이며 종반으로 들어섰고 현지의 전언은 '일본 우승 확정'으로 마감되는 분위기였다.

바로 그때 현지검토실에서 '도저히 이길 수 없다'는 결론이 내려지는 순간 반집의 역전드라마가 만들어졌다. '역전 가능성 제로'라고 했던 유 사범님이 반집의 승전보를 전해온 데 이어 '80퍼센트 졌다'고 했던 선생님마저 반집으로 결승진출 소식을 알려온 것이다.

결승에서 유 사범님은 선생님을 누르고 "후지쯔를 정복한 최초의 한국기사"로 기록되는 영광을 안았다. 어느 모로 보나 한국바둑의 위대한 쾌거였다.

나는 1994년 2월, 선생님과 함께 제2회 진로배에 출전해 한국의 우승에 기여했다. 한국 프로바둑이 단체전 롱런의 주춧돌을 쌓은 것이 아마 이때부터였을 것이다. 1994년은 한국바둑이 세계최강으로 첫발을 내딛은 원년이라고 할 수 있다.

자랑 같지만 한 바둑잡지의 표현을 옮기면 선생님과 나의 콤비 플레이는 "WBC(월드베이스볼클래식)를 화려하게 수놓은 한국야구의 황금계투보다 눈부셨다"고 한다.

내가 생각해도 대회 중반 '천적' 요다 노리모토 9단이 5연승으로 맹위를 떨치며 종반으로 접어들었을 때 선생님이 먼저 나선 전략은 기가 막히게 맞아떨어졌다.

"특징은 없으나 총체적 전력에서 초일류"라는 평가를 받고 있는 요다 9단은 선생님의 빠른 스텝에 허점을 드러냈다. 안정된 힘으로 상대를 서서히 압박해가는 요다 9단의 리듬은 한 박자 빠른 선생님의 속력행마에 휘말려 힘없이 무너졌다.

나는 일본의 주장 다케미야 마사키武宮正樹 9단과 맞붙었다. '우주류'의 가공할 압력은 블랙홀을 연상시켰지만 다케미야 9단의 기풍은 너무 훤히 노출돼있었기 때문에 크게 부담스럽지 않았고 대응전략의 구상도 어렵지 않았다. 먼저 실리를 확보하고 세력을 적당히 삭감하는 반면 운영은 나의 기풍에 가장 잘 맞는 것이기도 했다.

결국 우승컵은 우리 차지였다. 우승을 장담했던 다케미야 9단은 패배의 괴로움을 이기지 못하고 위로의 술자리도 마다한 채 훌쩍 사라졌다. 3국 중 가장 먼저 탈락한 중국은 관영 신화사통신에 "한국바둑을 본받자"는 글을 실어 눈길을 끌었다.

마음을 담은 바둑

진로배가 끝난 후 호쾌하고 화려한 기풍으로 유명한 일본 감각파의 거장 후지사와 슈코藤澤秀行 9단은 다음과 같은 축하 메시지를 보내주었다.

"우선 이창호 군에게 축하한다고 말해주고 싶다. 18세에 한국의 군소타이틀을 전부 획득한 것은 일본에서도 대단한 화제가 되고 있다. 내가 이창호라는 이름을 처음 알았던 것은 6, 7년 전 조훈현 군이 "제 내제자로 무서운 아이가 있습니다"라고 말했을 때다. 조 군은 내 제자의 한 사람, 이 군은 그 제자의 제자이기 때문에 내게는 손제자孫弟子가 되는 셈이다.

그 뒤 이 군의 바둑에 주목하고 가능한 한 지켜보려고 애썼다. 5년 전쯤에 조 군은 다시 "중반 이후부터라면 이창호는 그 어떤 초일류와도 호각 이상으로 둘 수 있습니다"라고 말했다. 이후 조 군은 제자에게 차례차례 타이틀을 빼앗겼다. 스승이 제자에게 지는 것은 승부세계에서 있을 수 있는 현상이지만 조 군도 야무지지 못하다고 생각한다. 나는 소년 시절의 조 군을 보고 '세계제일의 재능일지도 모른다'고 매우 감탄한 바 있다. 그 조 군을 이 군이 이기는 것은 역류할 수 없는 시대의 흐름인 것이지만 어쩐지 쓸쓸한 기분이다.

그런저런 이유로 기꺼이 한번 둬보고 싶었던 이 군과의 대국이 마침 지난 4월 후지쯔배에서 실현됐다. 결과는 내가 졌지만, 그러나 이 군의 바둑됨됨이는 내키지 않았다. 그 내용이 내 마음에 들지 않았기 때문이다. 여기에 이 군이 풀어야 할 과제가 있는 것 같다.

지금대로라면 뭐랄까, '정감情感이 없는 바둑'이라고 말하고 싶다. 마음을 움직이는 감동이 적다. 바둑은 승부를 내는 동시에 음악이나 회화와 같이 개성을 표현하는 엄연한 예술이다. 예술이라면 우리들이 보고 감동하는 그만의 독특하고 창조적인 차원의 세계가 무르녹아 있어야 되는 것이다. 오직 이기기 위한 승부에 앞서, 자기표현에 충실한 바둑을 항상 생각할 일이다.

이 군은 넘버원이기 때문에 이제 그러한 임무가 있다고 생각한다. 그러면 그러한 감동을 주는 바둑은 어떻게 하면 둘 수 있게 되는가? 이것은 어려운 경지의 것이기는 하지만 바둑의 공부만이 아닌, 인간 그 자체를 높이는 공부가 바탕을 이루어야만 가능하다고 생각한다.

인간수업人間修業. 일본에는 미야모토 무사시宮本武藏라는 검호劍豪가 있었다. 생애불패의 그였지만 검의 수업만을 한 것은 아니다. 좌선을 하기도 하고 그림을 그리기도 하고 교제를 넓히면서 인간을 높인 것이다. 오늘날 전해지는 그의 그림은 상당한 수준에 이른 수작이다. 인간을 높이는 것으로써 검의 도를 깊이 연구했음을 보여주는 단면이다.

검과 똑같이 바둑도 인간과 인간의 싸움이다. 바둑은 무한의 세계다. 인간을 차원 높게 끌어올릴 수 있다면 얼마든지 강해질 수 있다. 그것은 끊임없는 절차탁마(切磋琢磨)로써 가능한 일이다. 이 군에게 좌선을 하거나 그림을 그리라는 것은 아니지만 참고가 되라는 의미에서 미야모토 무사시의 수행방법을 끄집어내었다.

아직 이 군은 열여덟 살이기 때문에 실패를 두려워해서는 안 된다. 반상과 반외 어디서라도 모험을 하고 싶은 나이일 것이다. 나같이 인생의 종반에 닿은 노인으로선 그저 부러움에 빠질 뿐이다. 이 군의 앞길은 분명 크고도 너르리라. 마지막으로 한 가지 더. 앞으로 이 군과 일본의 젊은 기사들과의 경쟁도 재미있으리라는 것.

요즘 나는 연구회와 합숙 등으로 젊은이들을 단련시키고 있다. 당장은 이 군을 이길 수 없을지 모르지만 한 2, 3년이면 좋은 승부를 펼칠 몇 명의 젊은이가 있다. 그때를 위해 이 군이 더욱 더 강해지기를 바란다. 나도 일본의 젊은 기사들을 이 군에게 대항할 수 있도록 엄하게 단련시킬 생각이다. 서로가 노력하자.

후지사와 슈코."

진심이 담긴 편지였다. 과거 후지사와 선생은 조치훈 9단에게도 이와 비슷한 육성의 메시지를 전한 바 있었다고 한다. 제7기 기성전棋聖戰[•] 7번승부, 3연승 뒤에 4연패로 타이틀을 내주게 된 뼈아픈 자리에서 선생은 "치훈 군은 아직 약하다. 군의 바둑에는 철학이 없다. 더욱 정진하라"고 말했다. 물수건을 깨물고 알코올중독의 금단현상과 싸우며 7번승부를 버텨낸 선생은 최고의 타이틀 무대를 활보하면서도 승부의 결과보다 승부에 이르는 과정을 더 가치 있게 추구한, 보기 드문 예술가 타입의 승부사다.

번득이는 감각의 재능을 앞세우는 취향을 가진 후지사와 선생의 안목으로는 선생님(조훈현 9단)의 재능이 세계제일이다. 선생의 평가는 나와 같이 '지지 않는 길'을 추구하는 기풍에 매우 인색하다. 선생의 기준을 그대로 수용하는가와는 별개로 바둑 이외의 인간수업이 필요하다는 견해에는 전적으로 공감할 수밖에 없다.

두터움 속의 민첩함

후지사와 슈코 9단 외에도 또 한 명의 바둑영웅이 나에게 메시지를 전달했다. 중국의 녜웨이핑 9단이었다.

[•] 기성전은 일본 요미우리신문사가 주최하는 바둑대회다.

"한국은 동양의 독특한 문화경기인 바둑발전에 풍부한 토양을 갖추고 있다. 때문에 조훈현, 서봉수, 유창혁, 이창호 등 고수들이 나타나 세계 기단棋壇에서 이름을 날리는 것은 지극히 당연한 일이다.

이들 중 세간에 가장 많이 거론되는 사람은 이창호다. 아마 그의 전적이 뛰어난 것 이외에도 "알고 보니 어린아이더라"는 의외감도 작용한 것 같다. 내가 "이창호는 굉장히 강하다"는 인상을 갖게 된 것은 4년 전이다.

그때 중국의 〈위기천지圍棋天地〉라는 바둑잡지가, 제3회 후지쯔배 세계바둑대회에서 펼쳐진 이창호 대 고바야시 고이치의 대국을 해설해달라는 요청을 해왔다. 15세에 대단히 총명한 이창호 소년과 일본에서 절정에 오른 고수 고바야시의 대국은 얽히고설켜 상당히 난해했다.

이 대국에서 이창호는 비록 근소한 차(반집)로 졌지만 큰 재목이 될 가능성을 여실히 보여주었다. 나는 그때 이 대국을 "후생가외後生可畏❶, 그러나 초일류기사에게 대적하려면 소년기사는 더욱 노력해야 한다"고 평했다.

그로부터 4년이 지났다. 현재의 이창호는 어떠한가. 전적은 또

---

❶ 뒤에 난 사람은 두려워할 만하다는 뜻으로, 후배는 나이가 젊고 의기가 장하므로 학문을 계속 쌓고 덕을 닦으면 그 진보는 선배를 능가하는 경지에 이를 것이라는 말.

어떤가. 몇 년 전만 하더라도 사람들이 "15세 소년이 마침내 초일류기사를 이겼다"는 식으로 평했지만 이제는 오히려 이창호를 이길 수 있는 사람이 누구냐는 데 관심이 집중되는 상황이 됐다.

이창호 바둑의 가장 큰 특징은 무엇인가. 또 가장 우수한 점과 두드러진 약점은 무엇인가. 이런 질문들은 그를 주시하고 있는 많은 사람들의 흥미를 자아낸다. 나는 아직까지 이창호와 반상(盤上)에서 겨뤄본 적이 없다.

나는 나의 제자 중에서 이 한국의 천재 소년기사와 필적할 수 있는 사람이 나오길 바란다. 내 제자들이 우선적으로 그와 만날 수 있다면 그것은 매우 반가운 교류가 될 것이다.

지금까지 그와 대국할 가능성이 없었음에도 불구하고 나는 그의 기보를 충분히 보아왔다. 따라서 이창호의 강함을 확실히 느낄 수 있다. 그는 오랫동안 반상의 형세를 살피며 사태를 정확히 파악한다. 이것이 그의 가장 큰 특징이다. 그는 현재의 형세와 앞으로의 상황전개를 정확히 판단할 줄 안다.

그의 바둑에는 민첩하고도 심오한 인식이 담겨있다. 그는 상대방의 의표를 찌르는 능력이 있다. 정상적으로 행마하다 뜻밖의 공격을 감행한다. 여기에, 인내심을 가지고 승기를 노릴 줄도 안다.

'움직임'은 달아나는 토끼처럼 민첩하고 '고요함'은 흐르지 않는 물과 같다. 바둑에서 고요함이란 훨씬 심오한 경지이기 때문에 그는 교묘하게도 좋은 지점을 찾아 고요함의 실리를 취한다. 그는 기본적으로 움직임을 좋아하는 연령층에 속하지만 '소년바둑이 노년바둑의 양상을 보인다'는 인상은 이런 점에서 이상한 일이 아니다.

그는 끝내기가 정교하고 섬세하며 종반에 실수가 없다. 이는 이창호의 가장 우수한 점이다. 비록 한 대국에서 포석과 중반, 종반 중 어느 하나가 부족해도 안 되지만 결정적인 승리는 격전을 마무리하는 끝내기, 즉 종반에 훨씬 많이 좌우된다. 그는 반상이 복잡하게 뒤얽혀있는 종반에 가면 마치 물을 만난 용처럼 변한다.

앞뒤 순서를 철저히 따지고 정확하게 계가計家하는 천부적인 재능을 유감없이 발휘한다. 나는 내 손에 들려있는 그의 기보 속에서 그가 취한 실리에 주목한다. 그는 끝내기를 통해 이미 구축한 집을 넓힘으로써 형세를 역전시킨 경우가 많다.

이 외에도 이창호는 바둑정신을 철저하게 이해하고 있으며 사리를 꿰고 있다. 여기다 불가사의한 천부적 재능과 부지런함도 갖추고 있다. 그는 행마의 일반적인 규칙을 벗어난 스스로의 독특한 시각을 통해 바둑사상을 표현하고 있다. 요컨대 그는 굉장한 바둑의 천재다.

• 집 계산. 또는 바둑을 다 둔 뒤에 이기고 진 것을 가리기 위하여 집 수를 헤아리는 일.

그러나 기사에게 실수가 없을 수 없다. 이창호에게도 분명히 약점이 있다. 앞에서 얘기한 대로 나는 아직까지 그와 대국해본 적이 없다. 따라서 그의 약점뿐 아니라 심지어 '후생가외'라는 현실도 나에겐 피부에 와 닿지 않는다. 만일 이창호에게 확실한 약점이 있다면 그가 계속 노력하길 바랄 뿐이다. 끊임없이 정진하는 과정에서 뭐라고 지어 말할 수 없는 그의 약점은 보완될 것이다.

한국의 바둑은 갈수록 강해지고 있다. 나 자신, 중국의 기성棋聖으로서 상당히 기쁘게 생각한다. 비록 개인적으로는 중국의 바둑이 더 강해졌으면 하는 바람도 있지만 경쟁이 있어야 진보할 수 있다. 한국바둑은 말할 것도 없고 이창호의 존재는 중국바둑의 발전에 채찍이 되고 있다.

바둑에 대한 지식을 쌓는 것과 바둑정신을 깨닫는 것, 실전능력을 갖추는 것 등 어느 하나 시일이 필요하지 않은 것이 없다. 그럼에도 이창호 소년이 불과 몇 년 만에 이 모두를 달성할 수 있었던 것은 여전히 불가사의한 일이다.

녜웨이핑."

녜웨이핑 9단의 평가는 인간수업을 강조한 후지사와 선생과 달리 나의 바둑, 승부에 집중돼있었다. 후지사와 선생의 메시지가 승부를 초월한 이상理想, 즉 '인간의 깊이와 넓이'를 담고 있다면

모든 '느림'은 절대적인 느림이 아니다.

빠르게, 좀더 빠르게 질주하는 현대생활의 모든 사고방식에 대한

상대적 느림이다. 상대적 느림은 '감속(減速)'이라고도 말할 수 있다.

바둑의 속도는 외형으로 드러나는 행마의 속도에 좌우되는 것이 아니다.

그 이면에 감춰진 인식의 속도, 판단의 속도가 중요하다.

몸에 맞는 옷과 같은 것, 바로 적정의 속도가 핵심이다.

그것을 달리 표현하면 '균형'이다.

네웨이핑 9단은 승부의 본질에 대해 조언해주었다. 두 거장의 진심어린 메시지에 감사할 일이다.

그전까지 많은 사람들이 나를 관찰하고 평가해왔지만 나의 바둑에 '민첩한'이라는 수식어를 사용한 사람은 기억에 없다. 대다수의 일치된 평가와 이해는 "느린 듯 두텁다"는 것이었다. 그런데 네웨이핑 9단은 특이하게도 내 바둑의 '속도'에 주목했다.

그렇다. 모든 '느림'은 절대적인 느림이 아니다. 빠르게, 좀더 빠르게 질주하는 현대생활의 모든 사고방식에 대한 상대적 느림이다. 상대적 느림은 '감속減速'이라고도 말할 수 있다.

바둑의 속도는 외형으로 드러나는 행마의 속도에 좌우되는 것이 아니다. 그 이면에 감춰진 인식의 속도, 판단의 속도가 중요하다. 몸에 맞는 옷과 같은 것, 바로 적정의 속도가 핵심이다. 그것을 달리 표현하면 '균형'이다.

세계를 제패한 스승

1994년 상반기에만 선생님과 내가 겨룬 쟁기爭棋는 5개 타이틀전 27번기였다. 나의 가장 어려운 상대는 언제나 선생님이었다. 내 바둑의 아킬레스건이 초반포석이라고들 하는데 선생님은 초반감각이 세계제일이다. 언제나 선생님과의 대국은 초반단계에서 망해버리는 경우가 많았다. 1994년 벽두의 개막전(대왕전)에서는 3 대 0 스트레이트로 순식간에 당해버렸다.

그런데 공교롭게도 바로 그 뒤에 우승상금이 두 배가 넘는 기성전에선 거꾸로 선생님이 영패를 당했다. 관계자들은 "조훈현이 제자의 사소취대捨小取大❶ 전략에 말려들었다"며 웃었고 가까운 친구들도 내게 그런 농담을 했는데 그건 결과론에 불과하다.

승부는 제로섬게임이다. 적당히 주고받는다는 건 상상할 수도 없다. 가르침을 받은 은혜를 생각하면 송구스럽지만 그게 약육강식의 정글에 비유되는 승부세계의 냉엄한 이치였다.

나의 목표는 '최고'가 되는 것이었고 그것은 이미 최고의 자리에 있는 선생님의 희생이 있어야만 가능했다. 선생님의 뼈저린 패배가 늘어날수록 나의 영광은 커졌다.

생애 첫 타이틀이었던 최고위를 쟁취하고 선생님이 16년간 단한 차례도 허리를 굽혀본 적이 없는 패왕전 도전무대에 올랐다. 일진일퇴를 거듭하던 도전기는 선생님이 1승 2패의 벼랑으로 몰린 채 도전4국을 맞았다.

2월 25일 금요일 오후 8시. 나의 손길이 우상변에 닿는 것을 본 선생님은 잠시 호흡을 멈추는 듯했다. 이윽고 장미 담배 한 개비

---

❶ 작은 것을 버리고 큰 것을 차지함.

를 길게 빨아들이고는 탄식 같은 한 마디를 내뱉었다.

"안 되나…."

이럴 때마다 나는 죄인이 된 기분이지만 달리 할 수 있는 일도 없었다. 승리의 기쁨을 누릴 마음의 여유도 없다. 그저 고개를 숙이고 끝을 기다릴 수밖에. 한두 번 반복된 일도 아니지만 승리의 기쁨과 선생님에게 패배의 고통을 안겨드렸다는 송구스러움 사이의 갈등은 항상 내게 작지 않은 스트레스로 작용했다.

복기는 짧았다. 선생님은 몰려든 관전자들 사이에서 몇 마디 소감을 나누고는 바람처럼 대국실을 빠져나갔고 나는 비로소 참았던 숨을 내쉴 수 있었다.

1990년대로 접어들면서 건기의 산불처럼 걷잡을 수 없이 타오른 사제대쟁기를 지켜본 바둑계의 관측자들은 여전히 고개를 갸웃거리며 의문을 표했다. 쟁기의 내용은 선생님이 압도한 판이 많았다.

내용을 보면 타이틀 획득 숫자도 선생님 쪽으로 기울어야 옳은데 타이틀은 언제나 나에게로 흘러들어왔다. 선생님이 초중반을 압도하고 내가 종반에 뒤집는 기이한 패턴이 반복됐다. 하반기로 이어진 사제대쟁기, 제38기 국수전 도전5번기 최종국은 그런 패턴을 극명하게 보여준 승부였다.

현란한 속력행마와 흔들기. 흑을 쥔 선생님은 마지막 대국에서 전력을 기울여 나에게 '아직은 가야 할 길이 멀다'는 것을 보여주려는 듯했다. 뒤가 없는 최후의 승부는 난전이었다. 선생님이 앞서 가면 내가 따라붙고, 내가 집을 지으려고 하면 선생님이 뛰어들었다.

매캐한 화약 냄새로 뒤덮인 전장戰場. 마지막까지 숨 막히는 난타전을 벌여 검토실을 긴장시킨 승부는 283수 만에 나의 반집승으로 끝났다.

나는 1994년을 77승 20패, 승률 79.4퍼센트의 기록으로 13개의 타이틀을 획득하고 통산 타이틀 획득수를 39회로 늘렸다.

그러나 선생님은 당대의 거장 후지사와 슈코 9단이 인정한 천재 중의 천재, 승부사 중의 승부사였다.

선생님은 먼저 담배를 끊었다. 평창동 자택 지하실 창고에 장미 담배 1만 개비들이 박스를 쌓아놓을 만큼 알아주는 '체인스모커chain smoker◐'였던 선생님이 승부인생의 영원한 동반자일 것 같았던 담배를 끊어버린 것은 실로 대단한 결심이다.

선생님은 체력을 갉아먹고 승부의 기세를 누그러뜨리는 담배를 끊고 산행을 시작했다. 그리고 내가 '물 징크스', '비행기 징크스'라는 신조어에 시달리며 해외로 뻗어나가지 못하고 국내에서 머

◐ 줄담배를 피우는 사람을 일컫는 말.

뭇거리고 있을 때 속력행마를 가동시켜 세계로, 세계로 날아갔다.

제5기 동양증권배 결승5번기. 나를 16강전에서 밀어내고 다시 한 번 천적의 위용을 과시한 요다 노리모토 9단이 선생님의 상대였다. 그러나 그 대결은 선생님이 웃을 수 있는 즐거운 매치였다. 나는 요다 9단을 만나면 곤혹스러워하지만, 요다 9단은 선생님을 만나면 안정을 잃었다.

유명한 '도끼타법과 귀마개사건'이 여기서 벌어졌다. 일명 '장작패기'로 불리는 요다 9단의 착수태도는 '한 수 한 수에 혼을 싣는' 무사도정신을 숭상하는 요다 9단 특유의 습관이다.

그는 정신은 물론 외양으로 드러나는 기백까지도 대단히 중시하는 타입이다. 말하자면 도끼로 내리찍듯 돌을 놓는 것은 일종의 기합인데, 선생님은 일본에서 프로수업을 받았어도 그런 태도가 눈에 거슬렸는지 모르겠다. 그래서 서로 더 그랬던 것일까.

5월 16일 부산 파라다이스비치호텔에서 막이 오른 결승5번기에서 좀처럼 보기 힘든 진풍경이 벌어졌다. 한 사람은 장작을 패듯 연신 바둑판을 내리찍었고, 또 한 사람은 끊임없이 무엇인가를 중얼거렸다. 도끼질의 주인공은 요다 9단이었고 중얼거림은 선생님의 작품이었다.

사실 선생님의 대국 중 독백은 이전부터 유명했다. 레퍼토리도 다양해서 형세의 유불리에 관계없이 자학적으로 툴툴거리는 독백은 기본이고 리듬이 폭주하면 유행가도 흘러나왔다. 이따금씩 일본어로 알 듯 모를 듯 혼잣말을 할 때도 있는데 요다 9단에게는 그게 문제였다.

결승2국 아침 대국실로 들어서는 요다 9단을 본 기자들은 고개를 갸웃거리며 그의 귀를 가리켰다. 귀마개였다. 최적의 온도를 유지하고 있는 호텔의 실내에서 귀가 시린 것은 아닐 테고 무엇 때문일까. 의문은 대국이 끝나고 나서야 풀렸다.

결승1국과 결승2국 연패의 노여움을 삭이며 대국실을 나서는 요다 9단을 붙든 용감한 기자 한 사람이 "도대체 귀마개는 왜 했느냐?"고 물었다. 그는 상기된 표정으로 이렇게 말했다고 한다.

"쿤겐 상, 우다우다…."

'쿤겐'은 '훈현'의 일본발음이고 '우다우다'는 중얼거림, 투덜거림이란 뜻이다. "훈현 씨가 투덜거리는 게 신경에 거슬러서 귀마개를 했다"는 얘기다.

그런데 이것은 치명적인 실수였다. 귓속에는 인체의 평형감각을 유지시켜주는 세반고리관이 있는데 오랫동안 귀를 막으면 이런 기관에 작은 이상이 생겨 가벼운 두통이나 현기증을 유발한다. 섬세한 정신감각이 필요한 초반, 고도의 집중력을 필요로 하는 중반과 종반의 수읽기에 치명적인 장애가 되는 것이다.

나를 비롯한 한국의 바둑관계자들은 터져 나오는 웃음을 참을 수 없었다. 하지만 이런 해프닝을 만들어낸 선생님의 독백은 이후 추억 속으로 사라졌다. 바둑이 공식스포츠로 격상되면서 한국기원이 바둑 룰을 재정비했기 때문이다.

그 중 경기규칙 제5장 '벌칙'을 보면 "선수가 다음의 행위를 한 경우 경기위원에게 경고를 받을 수 있다. 경고가 2회 이상인 경우 경기위원은 해당선수에게 고지하고 상벌위원회로 회부한다"고 돼있다. 선생님의 독백은 최소 1, 4, 7항에 걸리는 금지행위에 해당되었을 것이다.

1. 콧노래 부르기
2. 부채, 호두알 등으로 소리 내는 행위
3. 바둑돌을 잘그락거리며 소리 내는 행위
4. 상대방에게 불쾌감을 주는 말이나 행동
5. 바둑돌을 교차점에 애매하게 놓는 경우
6. 바둑돌을 바둑통 외의 곳에 꺼내놓고 경기하는 경우
7. 기타 경기위원이 판단할 때 경기에 지장을 주는 행위

아무튼 결승2국에서 패한 요다 9단은 6월 서울 힐튼호텔에서

속개된 결승3국에서 귀마개를 하지 않았다. 그 대신 일본 전통의 쥘부채를 꺼내들고 선생님의 투덜거림을 날려버리기라도 하겠다는 듯 힘차게 부치기 시작했다. 쥘부채의 효과였을까. 결승3국은 요다 9단이 승리했는데 부채바람의 효과는 그 1승이 다였다.

선생님에게는 이미 요다 9단에 대한 필승전략이 있었던 것으로 보인다. 대국 전 KBS-TV와의 인터뷰에서 "요다 9단은 장점보다 단점이 없는 기사다. 따라서 이번 대국은 누가 실수를 덜 하느냐가 관건"이라는 말을 했고, 대국 후에는 "요다 9단이 난전을 좋아하지 않는 것 같아 난전으로 이끌어봤는데 그게 적중한 것 같다"고 했다.

선생님은 의도한 전략대로 결승4국을 질풍처럼 몰아쳐 157수 만에 불계승不計勝❶을 거두며 1989년 응씨배 우승 이후 두 번째 세계제패의 기쁨을 맛보았다.

그리고 그 2개월 뒤 제7회 후지쯔배에서 2년 연속 결승에 동행한 유창혁 9단을 꺾고 우승을 차지했다. 응씨배, 동양증권배, 후지쯔배, 그리고 단체전 진로배까지 모든 세계대회를 제패한 첫 번째 프로가 되는 영예를 안은 것이다. 나는 또다시 선생님의 커다란 등을 바라보며 달려야 하는 위치에 섰다.

---

❶ 바둑에서 집 수의 차가 많은 것이 뚜렷하여 계산할 필요도 없이 이김.

프로바둑 1호 공익근무요원

언젠가부터 소속한 분야를 대표해서 국민적인 성원을 받는 연예스타나 스포츠스타에게 '국민'이라는 수식어가 붙기 시작했다. '국민가수' 조용필, '국민배우' 안성기, '국민타자' 이승엽, '국민여동생' 김연아…. 부끄럽지만 나는 '국민기사(棋士)'로 불렸다. 나에게도 어김없이 다가온 병역의무가 분수령이 됐다.

대한민국의 사나이라면 학력이나 신체의 결격사유가 없는 한 만 19세가 되면 징병검사를 받고 병역의 의무를 이행해야 한다. 판검사보다 어렵다는 프로의 관문을 통과한 전문기사도 예외는 없다.

내가 징병검사의 대상이 된 1995년, 바둑계에 작은 소동이 벌어졌다. 십대에 국내는 물론 세계마저 제패한 승부사지만 바둑을 떠난 개인의 성격을 생각할 때 특수한 병영문화에 내가 제대로 적응하지 못할 가능성이 높다는 우려가 바둑계 전체에 퍼진 것이다. 가까운 거리에서 내 일거수일투족을 관찰했던 관계자들은 하나같이 입을 모았다.

"걔는 입대하면 고문관이 될 겁니다. 막아야 해요. 국가의 보물이 폐인으로 전락할지도 모른다고요."

승부에 전념해야 할 나이에, 그것도 3년 이상 전혀 다른 정서의 세계에서 엄격하게 통제된 생활을 해야 한다는 것은 프로기사에게 치명적인 일이다.

그런데 바둑이라는 승부 이외의 모든 생활에서 일관되게 더디고 느린 행태를 보여준 나였으니 더더욱 그런 우려가 커질 수밖에 없었는지도 모른다.

급기야는 한국기원 이사장을 지낸 장재식 의원 등 국회의원 105명이 연명한 '이창호후원회'가 결성되고 일사천리로 병역법 시행령 변경의 청원이 올려졌다(이 청원을 통해 1994년 12월 6일 병역법 시행령 49조 규정이 바뀌었다). 한 사람의 병역을 해결하기 위해 벌어진 이 같은 일은 대한민국 헌정사에 전무후무한 기록으로 남지 않을까 싶다.

이 사건은 수천 년을 이어 내려온 전통의 대중문화이면서도 부유층 사랑방 수준의 위상을 벗어나지 못했던 바둑이 비로소 예술, 스포츠로 진일보하는 계기가 됐다.

그리고 프로기사로서는 최초로 합법적 병역혜택을 받게 된 나는 1995년 3월 27일 이민섭 문화체육부 장관과 면담한 뒤 4주의 군사훈련을 받고 3년간 공익근무요원 복무에 들어갔다.

이병 이창호. 군번 96-9304394. 푸른 제복을 입고 다소 어색하게 경례자세를 취한 당시의 내 사진을 보았다. 내가 병역특혜를 받지 않았다면 과연 '고문관'이 됐을까. 글쎄, 가지 않은 길은 누구도 알 수 없지만 기억을 떠올려보면, 충분히 가능한 일이었음을 부정할 수 없다.

4주간의 신병 훈련기간, 나는 조교와 동기 훈련병들을 아연실색하게 만들었다.

"연병장 선착순 집합!"의 명령이 떨어지고 "뒤로 번호!"가 붙기만 하면 꼭 한 명이 비었다. 그 하나의 구멍은 바로 나였다.

"또 이창호냐…."

조교의 탄식은 연일 그칠 날이 없었다. 군화끈을 못 매 내무반에서 밍기적거리고 있는 나의 존재 탓이었다.

"사회에서 신발끈 한 번 안 매봤나!"

"한 번도요…. 운동화만 신어봐서…."

무서운 호통에 반사적으로 나온 나의 어눌한 대답은 조교를 뒷목 잡게 만들었다. 하지만 어쩌겠는가. 정말 운동화만, 그것도 끈 달린 운동화를 감당 못해 '찍찍이' 운동화만 신어본 것을….

결국 조교는 나라는 애물단지를 보다 못해 스스로 비책을 마련하기에 이르렀다. 바로 끈 대신 '똑딱단추' 달린 군화. 손수 똑딱단추를 달아준 조교 덕분에 나는 비교적 순탄하게(?) 훈련기간을 마칠 수 있었다.

그리고 3년이 흘러 1998년 3월 26일 문화관광부 지역문화예술과에서 소집해제증을 받았다.

이런 수혜는 후배들에게도 이어졌다. 2004년 후지쯔배 우승자

박영훈, 2003년 후지쯔배 준우승자 송태곤, 2005년 응씨배 준우승자 최철한, 2007년 후지쯔배 우승자 박정상이 같은 사유로 병역특혜를 받았다(바둑이 대한체육회 정가맹 경기단체의 공식스포츠가 된 이후로는 오히려 병역혜택의 문이 좁아졌다. 2010년 광저우 아시안게임 금메달리스트 조한승, 강동윤, 박정환이 스포츠바둑의 첫 병역혜택 수혜자다).

이즈음 전국에는 폭발적인 어린이바둑교실 신설 붐이 일었다. 이는 대단히 중요한 문화현상이다. 선생님이 세계를 제패하면서 도박의 문턱을 넘어선 바둑이 예술과 스포츠의 위상을 획득하고, 담배연기 자욱한 기원을 벗어나 학부모들로부터 아이들에게 가르칠 만한 교육적 가치가 있는 '정신의 기예'라는 것을 인정받았다는 가장 확실한 방증이기 때문이다.

실제로 과거에는 프로기사라는 생경한 직업으로 인해 빚어지는 해프닝이 적지 않았다. 한 프로기사는 결혼을 허락받기 위해 미래의 처가를 찾은 자리에서 훗날의 장인으로부터 이런 말을 들었다고 한다.

"전문기사라고? 거참, 바둑이 직업이라니. 그래, 자네는 하루에 얼마나 따나?"

프로바둑을 즉석에서 돈을 걸고 두는 내기바둑 정도로 아는 사람이 더 많은 시기였다는 얘기다. 비슷한 일화는 많다.

통금이 있던 시절 자정을 넘겨 파출소에 붙들려간 한 프로기사는 조서를 작성하던 경찰이 "직업이 뭐냐"고 묻기에 "전문기사"라고 대답했더니 조서의 직업란에 '운전기사'라고 적었다고 한다. 하긴 이 땅에 현대바둑을 도입한 조남철 선생마저도 동네사람들에게 "내기바둑꾼들의 두목"이란 말을 들었다니 알 만하지 않은가.

나는 공익근무요원 복무기간(1995년 3월 27일~1998년 3월 26일) 동안 국내외 프로기전에서 32개의 타이틀을 획득해 통산 타이틀 획득(소집해제일 기준) 77회를 기록했다.

특히 신설된 제1회 LG배 세계기왕전를 비롯해 제2회 삼성화재배, 제9회 후지쯔배, 제7기 동양증권배, 제7~8회 TV바둑아시아선수권전에서 우승해 국가의 명예를 높일 영광을 안았다.

징크스의 극복

"물만 건너면 힘을 못 쓴다"는 조롱을 받던 '물 징크스'의 세계 최강자였던 나는 1996년, 드디어 물을 건너 제대로 된 한풀이를 할 수 있었다.

제9회 후지쯔배 세계바둑선수권전 결승은 "안방에서만 강한 챔피언"이라는 가슴속 응어리를 시원하게 풀어버리고 나 자신의 존재를 똑바로 세웠다는 점에서 내 인생의 기념비가 될 만한 승부였다. 한국의 타이틀을 석권하고 한국이 주최한 세계대회(동양증권배)에서 세 차례 우승을 차지했으면서도 해외원정에 나서기만 하면 초반탈락이라는 수모를 겪었던 내가 드디어 해외에서 개최한 세계대회에서 첫 우승을 기록한 것이다.

1996년 8월 3일 도쿄. 천용안陳永安 5단, 녜웨이핑 9단, 왕밍완 9단을 연파하며 후지쯔배 도전 여덟 번째에 처음으로 4강고지에 오른 나는 결승에서 중국의 1인자 마샤오춘馬曉春 9단을 꺾고, 나와는 도무지 인연이 닿지 않을 것 같았던 후지쯔배를 기어이 품에 안았다.

나는 1996년 한 해에 단체전 진로배 세계바둑최강전 우승에 일조하고 동양증권배, 후지쯔배, TV바둑아시아선수권전 2년 연속 우승을 기록한 뒤 동아일보 주최로 열린 한중일 3국 특별초청 세계바둑최강전 더블리그에서 일본의 다케미야 마사키, 중국 마샤오춘에게 4전 전승을 거두었다. 또 상금 획득에서도 6억 4천만 원을 벌어들여 국내 프로기사 상금 신기록을 갈아치웠다.

남은 목표는 최고의 상금을 걸고 4년마다 열리는 바둑올림픽, 선생님이 첫 우승을 차지했고 그 4년 뒤 서봉수 9단으로 '세계최강 한국'의 바통이 이어진 응씨배였다.

나는 1992년 제2회 응씨배부터 출전하기 시작했는데 출발이 좋지 않았다. 16강전은 악몽이었다. 지금은 내가 그런 말을 했었다는 사실조차 잊었지만, 그 당시에는 "바둑을 그만두고 싶다"고 했을 만큼 큰 충격을 안겨준 패배였다.

16강전 상대는 세계최강의 여기사 루이나이웨이 9단이었다. 세계최강이라고는 하지만 그것은 어디까지나 여자 프로들의 세계에서 통용되는 평가였고, 당시 남녀 프로바둑에는 분명한 실력의 차가 있었기 때문에 내가 루이 9단에게 패하리라고 생각한 사람은 없었을 것이다.

나는 초반부터 맹렬한 공격을 퍼부으며 전면전을 감행한 루이 9단과 종반까지 치열한 난타전을 벌이다가 우하귀 패의 공방 중 193수 만에 좌초했다.

앞서 언급했다시피 나는 이때 바둑을 그만두고 싶을 만큼 큰 충격을 받았고 그 후유증은 꽤 길게 이어졌다. 충격의 원인은 패했다는 사실보다 그 내용에 있었다.

루이 9단은 약하지 않다. 재능도 재능이지만 그 이상의 열정을 바둑에 쏟아 붓는 사람이다. 아니, 바둑에 몰입하는 순수한 열정으로만 따진다면 루이 9단을 '세계최고'라고 꼽아야 할지도 모른다.

그런 사실을 잘 알고 있었기 때문에 루이 9단이 여기사라고 방심하지도 않았다. 그런데도 어떻게 그런 엉터리 같은 수를 둘 수 있었는지 스스로 이해하기 어려웠다. '내가 이 정도밖에 안 되는 프로였나' 라는 자괴감이 오랫동안 머릿속을 횡행했다.

전문가들은 나의 패배의 가장 큰 원인을 '이창호 특유의 강박관념' 이라고 했다. 글쎄, 그런 심리적인 요인이 작용한지도 모르지만 그것이 어떤 이유든 내가 형편없는 내용의 바둑을 뒀다는 사실의 합당한 변명이 될 수는 없다고 생각한다.

내가 아는 다른 해결방법은 없다. 실패를 반복하지 않으려면 잘못된 부분을 새기고 또 새겨야 한다. 왜 내가 가진 장점들을 제대로 활용하지 못하고 루이 9단이 원하는 흐름에 휘말린 것인지, 패국을 놓아보고 또 놓아보았다.

새삼스러운 일도 아니지만 또 한 번 깨닫는다. 노력 없이 이루어지는 결과는 없다는 것. 날이 밝아오고 머리가 무거워질 때 비로소 짙은 안개 사이로 길이 보였다. 나는 아니라고 생각했지만 무의식중에 상대를 낮게 보았던 것 같다.

바둑을 두는 사람이라면 누구나 '자만이 곧 패착' 이라는 사실을 잘 알고 있다. 스스로 교만한 줄 모르는 것이 자만의 포석이고, 아예 겸손한 척하는 것이 자만의 중반전이며, 심지어 자신이 겸손하다고 착각하는 것이 자만의 끝내기다. 그것이 내가 30년 가까이 반상을 마주하며 수없이 많은 실전에 임하면서 비로소 깨닫고, 가장 경계했던 부분이다.

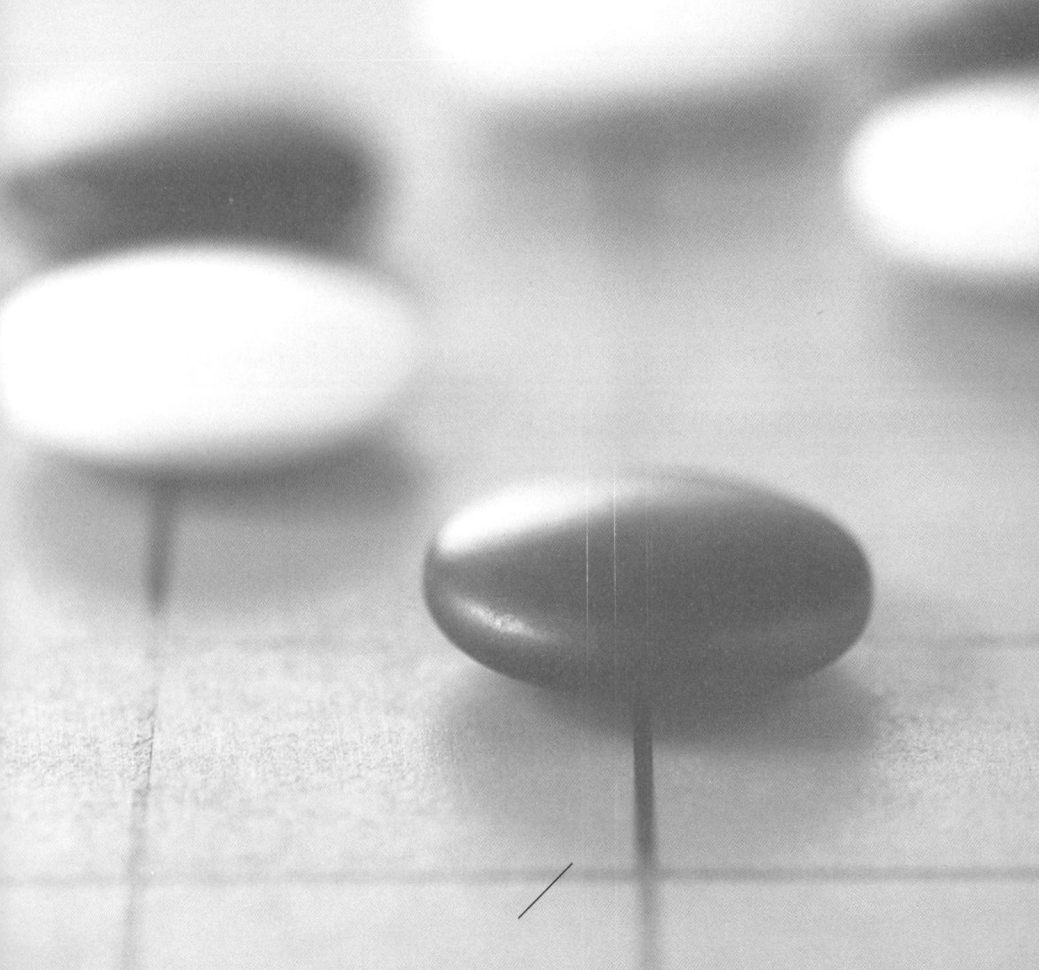

노력 없이 이루어지는 결과는 없다.

나는 아니라고 생각했지만 무의식중에 상대를 낮게 보았던 것 같다.

스스로 교만한 줄 모르는 것이 자만의 포석이고,

아예 겸손한 척하는 것이 자만의 중반전이며,

심지어 자신이 겸손하다고 착각하는 것이 자만의 끝내기다.

그리고 나는 4년 후인 1996년 제3회 응씨배 16강전에서 다시 루이 9단을 만나 과거의 패배를 설욕했다. 흑을 쥔 루이 9단은 세력작전을 펴며 내가 뛰어들어 싸우기를 원했지만 이번에는 말려들지 않았다. 중심을 잃지 않았다. 수순은 247수까지 길게 늘어졌지만 사실상 승부는 거기서 끝이었다.

16강전에서 루이 9단에게 설욕했다는 개운함이 어떤 포만감을 부른 것인지도 모르겠다. 고개를 넘어서자마자 바로 8강전에 넘어졌다. 그래도 상대가 유창혁 9단이었다는 건 그나마 다행이다. 나를 딛고 올라선 유 사범님이 결승5번기까지 진출해 일본의 요다 노리모토 9단을 꺾고 우승을 차지했으니까.

고통의 에너지를 불사르다

밀레니엄의 시대로 접어든 2000년, 새로운 천년의 시대에 드디어 나는 대망을 향한 첫 걸음을 내디뎠다. 선생님과 서봉수 9단, 유창혁 9단이 4년마다 열리는 바둑올림픽 응씨배 우승컵을 차례로 거머쥐었으니 이제 내 차례였다.

4월 28일 9시 20분, 응씨배 4차원정대가 김포공항을 떠났다. 2시간 20분을 날아 상하이에 도착한 원정대원은 선생님과 서봉수 9단, 양재호 9단, 유창혁 9단과 나, 그리고 동갑내기 최명훈 9단까지 6명이었다. 이 중에서 유 사범님은 전기 우승자시드였고 선생님과 나는 국가시드를 받아 세 사람이 본선 2회전부터 출전하게 됐다. 4월 29일에 막이 오른 본선 1회전에는 서 9단, 양 9단, 최 9단이 출전했다.

긴장한 와중에서도 한 가지 마음을 편안하게 해준 것은 1999년 말경부터 나의 중국원정에 따라붙어 모든 문제를 해결해주는 특급매니저의 존재였다. 바로 나의 동생 이영호.

영호는 타고난 매니저다. 일정점검부터 숙박, 음식은 물론 극성맞은 현지 바둑저널의 취재요청을 적절하게 받아주고 불협화음 없이 차단하는 능력을 보면 돌아가신 할아버지로부터 아버지에게 이어진 상재商材가 또 다른 형태로 영호에게 이어졌다는 생각이 든다.

오랜 시간 사람들의 입에 오르내린 '해외대국 징크스'가 거의 사라진 것은 어느 정도 적응이 됐기 때문이기도 하지만 그보다는 영호가 나의 모든 환경을 마치 집에 있는 것처럼 편안하게 만들어주었기 때문일 것이다.

영호는 노련한 사업가이기도 하다. 언젠가 불쑥, "형, 나 중국에 가"라는 말 한 마디만 던져놓고 홀쩍 베이징으로 떠나더니 불과 3년 만에 자그마한 음식점을 인수하는 능력을 보여준 신기한 녀석이다. 형이 벌어들이는 상금이 얼마나 되는지 대충 알고 있을 텐데도 영호는 내게 손을 벌리지 않았다. 현재 가진 제법 알찬 재산이 순전히 저 혼자 빈손으로 일으킨 사업의 결과물이라는 점에서 더욱 가상하다.

본선 1회전은 동갑내기 최 9단만 통과했다. 5월 2일에 속개된 본선 2회전(16강전)에는 1회전을 거친 최 9단과 2회전 시드를 배정받았던 유 사범님, 그리고 선생님과 내가 합류해 응씨배 쟁취를 위한 열전에 돌입했다.

나의 16강전 상대는 일본의 왕리청王立誠 9단. 2000년 벽두에 조치훈 9단을 꺾고 일본랭킹 1위 기성棋聖을 획득한 대만 출신의 강자. 호전적인 기풍에다 복잡하게 얽히는 국지전에 강한 타입이었다.

흑을 쥔 왕 9단은 초반부터 실리를 선점하면서 내가 쌓은 두터움을 무너뜨리기 위해 끊임없이 도발했다. 그러나 나는 싸울 생각이 없었다. 나는 안정적인 실리를 쌓고 중앙 공배작전을 성공으로 이끌어 162수 만에 무난하게 승리했다.

이틀 뒤에 속개된 8강전은 응씨배 결승을 향한 최대의 고비였다. 대진추첨 결과 천적 중의 천적으로 꼽혀온 요다 9단이 상대로 결정됐다. 이때까지 나의 대對 요다전 통산전적은 2승 7패. 게다가 응씨배 직전 승부였던 1999년 제11회 TV바둑아시아선수권전 결승에서 요다 9단에게 패해 준우승에 그친 기억이 생생했기 때문에 부담이 더욱 클 수밖에 없었다.

큰 승부마다 일본의 전통의상을 입고 나서는 요다 9단은 전형적인 사무라이다. 반외로 드러나는 자세나 기합은 누구보다 강렬하면서도 정작 반상에 구현되는 기풍은 "특징이 없는 게 특징"이라고 할 정도로 무미건조한 이질적 존재다.

많은 사람들은 요다 9단의 바둑을 두고 "초, 중, 종반 어디 하나 특별히 강한 부분이 없다"고 폄하하기도 하는데, 이 말을 뒤집으면 "초, 중, 종반 어디 하나 특별히 약한 부분도 없다"는 말이 된다.

더구나 그가 1996년 삼성화재배와 응씨배 결승에서 유창혁 9단과 '80만 달러짜리 황금매치'를 가진 최정상의 프로라는 사실을 상기하면 그 말은 다시 "특별히 강한 부분은 없지만 모든 부분에서 강하다"는 말이 된다. 기본이 탄탄한, 쉽게 무너지지 않는 스타일이라는 얘기다.

승부는 예상대로 쉽지 않았다. 요다 9단은 천적답게 돌 가리기에서부터 기선을 제압하고 나왔다. 응씨배 룰은 덤*이 8점(7집반)이라 대부분 백을 선호하는데 자신만만하게 돌을 쥐어 백을 뽑아낸 것이다.

---

* 바둑에서는 먼저 두는 흑이 유리한 만큼 그에 상응하는 핸디캡을 부여하게 되는데, 이것을 덤(또는 '공제')이라고 한다. 예를 들어 덤이 7집반이라고 한다면, 대국 종료 후의 흑집이 백집보다 최소한 7집반만큼 더 많아야 흑이 승리하게 된다. 만약 7집을 더 흑이 남겼다면, 덤 7집반을 제한 만큼인 0.5집(반집)을 백이 이기게 되는 것.

그런데 상대전적에서 압도적 우위에 있다는 심리적 우월감에, 원하는 대로 백을 쥐게 됐다는 기분의 상승작용이 때이른 포만감을 안겨준 것일까. 대국 초반 요다 9단이 보여준 취향은 기합이 충만한 사무라이가 아니라 사냥감에 관심이 없는 배부른 사자를 연상시켰다.

"제일 배고픈 늑대가 제일 사냥을 잘한다"는 말도 있지 않은가. 제4회 응씨배에 임한 나의 각오는 남다를 수밖에 없었다. 우승에 실패하는 것은 단순한 세계타이틀 획득의 실패가 아니라 한국의 바둑올림픽 연속우승의 위업이 단절되는 것이기 때문이다.

책임감만큼 사람을 강하게 하는 것은 없다. 이제 나의 역할만이 남았다는 인식이 그 어느 때보다 뇌리를 강하게 자극하고 있었다. 우스운 이야기지만, 나의 승부리듬은 책임감이 극에 이르고 그런 부담이 온몸을 압박할 때, 그리고 좌중이 나의 승리에 비관적일 때 최고조에 오른다.

누군가의 표현을 빌리면 나는, "책임을 피할 수 없는 국가대항전 같은 승부에서 마지막에 나서게 되면 온몸을 비틀고 쥐어짜서 마지막 기름 한 방울의 에너지까지 다 뽑아내는 사람"이라고 한다.

글쎄, 어쨌거나 마지막에 홀로 남는 부담이 엄청난 압박으로 밀려든다는 건 맞다. 그런 스트레스는 겪어본 사람이 아니면 알 수 없다. 그걸 피해보려고 단체대항전이 만들어지면 주장 자리를 극구 사양하는데 한 번도 내 뜻대로 이루어진 적은 없다.

마지막 기름 한 방울의 에너지까지 다 뽑아낸다고? 그걸 '고통의 에너지' 라고 해야 하나. 아무튼 내게는 그런 절박한 힘이 있었다. 이 한 판에 온힘을 다 쏟겠다는 의지 같은 것.

거기에 비하면 뭐랄까. 요다 9단은 좀 느슨해진 것 같았다. 자신감의 위험수위가 넘었다고 해야 할까. 자신감이란 묘하다. 상대를 압도하는 기세로 작용하다가도 어느 순간 그 수위를 넘어버리면 상대에게 급소를 노출시키는 방심이 된다. 그리고 정밀함이 무너지는 순간 자신의 바둑을 통제할 수 없어진다.

265수 끝 흑 3점승. 천적을 상대로 한 외나무다리의 승부는 그렇게 끝이 났고 그 뒤는 무풍가도였다. 4강전에서 격돌한 위빈兪斌 9단 역시 1997년 제9회 TV바둑아시아선수권전 우승을 차지하고 2000년에는 제4회 LG배 세계기왕전에서 유창혁 9단을 꺾고 우승하는 등 결코 호락호락한 상대는 아니었다.

그러나 위 9단은 나와 요다 9단의 관계를 뒤집은 것처럼 상성이 맞지 않는 기사였다. 준결승3번기는 제1국 243수 백 5점승, 제2국 205수 흑 불계승으로 싱겁게 끝났다.

드디어 대망의 결승. 11월 1일 중국 쓰촨성四川省 청뚜成都에서 막이 오른 결승5번기의 상대는 1997년 한중천원전에서 처음 만난 이후 반상반외에서 끈끈한 우정을 이어온 승부세계 최고의 벗 창하오常昊 9단이었다.

중일슈퍼대항전을 통해 중국바둑의 자존심을 일으켜 세운 녜웨이핑 9단은 초대 응씨배 결승에서 선생님에게 패한 뒤 "나에게는 뛰어난 제자가 있다. 내가 이루지 못한 숙원을 그가 풀어줄 것"이라는 말을 남겼었다. 또 1994년 나에게 보낸 메시지에도 "나의 제자 중에서 이창호와 필적할 수 있는 사람이 나오길 바란다. 내 제자들이 그와 만날 수 있다면 그것은 매우 반가운 교류가 될 것"이라는 희망을 담았다. 그의 예감과 기대는 모두 이루어졌다.

녜 9단이 말한 "뛰어난 제자"가 바로 창하오였으니 그의 예감은 그대로 맞아떨어진 셈이다. 그리고 기대 또한 우리 두 사람의 대국으로 완벽하게 이루어졌다. 초대 응씨배 결승에서 뼈저린 아픔을 안겨준 조훈현의 제자 이창호. 그 이창호와 응씨배를 두고 격돌하게 된 녜웨이핑의 제자 창하오.

11월 1일 결전의 날이 밝았다. '살아있는 기성'으로 추앙받는 우칭위엔 선생이 역사적인 대국의 시작을 알렸다. 한 사람이 돌을 쥐고 상대가 홀짝을 맞추는 방법으로 흑백을 가리는데, 연장자인 내가 돌을 쥐었고 창하오가 짝수를 맞췄다. 창하오는 나보다 한 살 어리다.

흑백의 선택권이 창하오에게 주어진 것인데 뜻밖에도 창하오는 흑을 선택했다. 행운의 전조였다. 응씨배는 흑의 부담이 크다.

먼저 두는 '선착'의 효과는 크지만 응씨배는 덤이 그 이상으로 크기 때문에 흑은 적극적인 작전을 펼쳐야 한다. 당연히 나도 백을 원하고 있었는데 선택권을 가진 창하오가 백을 내준 것이다.

창하오는 나와 유사한 기풍이라 두텁고 긴 호흡의 승부를 좋아한다. 적극적인 행마를 구사해야 하는 흑을 선택한 것은 창하오의 기풍하고도 배치되는 것인데 왜 흑을 선택했는지 알 수가 없다. 어쩌면 적극적인 작전을 펼쳐 대 이창호전 1승 9패의 사슬을 이곳에서 끊어버리겠다는 의지의 표명으로 흑을 선택한 것인지도 모른다.

그러나 몸에 배인 습관은 의지보다 강한 법이다. 긴 승부를 좋아하는 창하오가 적극전을 펼쳐야 하는 흑을 선택한 것은 아무래도 오판 같았다. "이기려면 버려라"는 승부의 금과옥조(金科玉條)는, 부담을 버리고 행마를 가볍게 하라는 뜻이지 상대의 배를 불려주라는 뜻은 결코 아니다. 305수까지 가는 긴 접전이었으나 백의 완승이었다.

흑은 단 한 차례도 역전의 기회를 잡지 못하고 허망하게 무너졌다. 대국이 종료된 후 창하오는 침통한 표정으로 소감을 밝혔다.

"단 한 번도 좋았던 적이 없었던 것 같다. 끝까지 덤이 부담스러운 바둑이었다."

패인은 역시 흑을 선택한, 전략의 실패였다.

'일본의 피터 드러커Peter Drucker'로 불리는 경영석학 노나카 이쿠지로野中郁次郎 등이 저술한 『전략의 본질』이라는 책을 보면 전략이란 단순한 탁상의 작전계획이 아니라 상대와의 상호작용이라는 점이 여실히 드러나있다.

바둑은 전쟁을 모델로 하여 전략을 다투는 게임이다. 전략을 실행해야 하는 최고사령관은 전투와 관련된 모든 요소와 적이 취할 수 있는 행동의 모든 가능성을 면밀하게 분석하고 이 분석이 끝난 뒤 최고의 전과를 거둘 수 있는 행동이 무엇인지 최종적인 결정을 내려야 한다. 이 과정은 한 판의 바둑이 끝날 때까지 이루어지는 포석, 정석, 중반, 종반, 끝내기의 과정과 다르지 않다.

그런 점에서 창하오가 내가 원하는 바(백을 잡는 것)를 그대로 실현시켜준 것은 나에게 주도권을 쥐어준 것이나 다름없었다.

이틀 뒤, 같은 장소에서 속개된 결승2국은 이 시리즈의 운명을 예고한 승부였다. 대국은 큰 승부라는 부담 때문인지 두텁고 긴 호흡으로 승부를 이끌어가는 우리 둘의 기풍대로 펼쳐지지 않았다.

처음부터 마지막까지 치열한 접전, 박투搏鬪의 연속이었다. 백을 쥔 창하오는 '결승1국에서도 백을 쥐었어야 했다'는 듯 자신의 기량을 마음껏 펼쳤다. 하지만 내가 쥔 흑 쪽에는 두터움이라는, 눈에 띄지 않는 재산이 있었다. 안개 낀 숲과 같은 미지의 중앙이 내가 기대하는 마지막 승부처였다.

마지막까지 손에 땀을 쥐게 한 승부는 328수 만에 흑의 1점승으로 끝났다. 창하오는 끝내기를 할 때까지 자신의 승리를 믿어 의심치 않았던 것 같다. 패배를 확인하는 순간 창하오의 얼굴이 눈에 띄게 창백해졌다.

승패와 우정이 교차하는 괴로운 순간. 나는 창하오가 일어설 때까지 조용히 자리를 지키는 수밖에 없었다. 승부에 심신의 전력을 쏟아 부은 우리 두 사람은 약속이라도 한 듯 대국이 끝나자마자 호텔방으로 돌아가 죽음 같은 잠에 빠졌다.

그리고 응씨배 결승3국에서 마주앉은 우리는 모든 면에서 대척점에 있었다. 두 사람의 뇌리에 아로새겨진 그 극단의 관념이 승부의 명암을 갈랐다. 승부의 모든 이치는 생즉필사生卽必死요, 사즉필생死卽必生을 따르는 법이다.

결승3국은 나의 백. 두 사람의 기풍이나 덤의 부담, 연승을 거두고 있는 상황을 생각할 때 내가 압도적으로 유리한 위치를 선점한 싸움이나 다름없었다.

하지만 창하오는 벼랑에 이르러서야 자신을 되찾았다. 부분의 실리에 집착하지 않고 두텁게, 두텁게 전국을 장악해나갔고 나는 시종 무엇인가에 쫓기는 사람처럼 사방에서 분주하게 움직였다. 뚜벅뚜벅 제 갈 길을 걷던 창하오가 돌연 칼을 뽑아들었을 때는 이미 돌이킬 수 없는 상황이었다. 나는 129수 만에 돌을 거뒀다.

2월 15일. 결승3국을 마치고 하루의 휴식에 들어간 나는 다시 배고픈 늑대가 되기 위해 외출을 금하고 호텔방 안에 칩거한 채 바둑판에 몰입했다.

대국이 없는 날이면 오전 내내 숙면을 취하는 습관이 있었으나 이날은 달랐다. 오전 10시 눈을 뜨자마자 바둑판을 먼저 찾았다. 돌을 놓아보다가 쓸어 담고, 다시 놓아보다가 또 쓸어 담고…. 공부는 결승4국 당일인 이튿날 새벽까지 이어졌다.

상하이는 창하오의 고향. 팬들의 절대적인 성원을 등에 업고 결승3국에서 승리. 대 이창호전 12연패의 사슬을 5년 만에 끊어버린 창하오의 표정은 밝았다. 결승5번기의 전적은 내가 2승 1패로 앞서있어 여전히 창하오가 벼랑에 몰린 상태였으나 팬들의 성원이 온통 창하오에게 쏟아진 현지 분위기는 승부의 원점이나 다름없었다.

게다가 이번에는 나의 부담이 큰 흑. 검토실의 평가는 "명백한 백의 우세"였다. 여기서 백이 승리하면 승부는 원점으로 돌아간다. 대개의 승부는 "나중에 따라붙은 사람이 심리적으로 유리하다"는 게 중론이고 보면, 이제는 오히려 내가 벼랑에 몰리는 상황이 된 것이다.

하지만 "위기는 곧 기회"라는 말이 있다. 이 말을 뒤집으면 "기회는 곧 위기"라는 말도 된다. 승부에서 기선을 제압하는 일은 대

승부에서 기선을 제압하는 일은 대단히 어렵지만
그 우세를 끝까지 유지하는 일은 그보다 훨씬 어렵다.
일단 우세를 의식하면 끊임없는 유혹이 찾아든다.
어려운 상황에 직면하면 물러나고 싶고,
상대의 도발은 무조건 피하고 싶고, 마무리를 서두르고 싶어진다.
그런 유혹을 누르고 처음의 평정한 마음을
끝까지 유지하는 것이야말로 승리의 비결이다.

단히 어렵지만 그 우세를 끝까지 유지하는 일은 그보다 훨씬 어렵다. 일단 우세를 의식하면 끊임없는 유혹이 찾아든다. 어려운 상황에 직면하면 물러나고 싶고, 상대의 도발은 무조건 피하고 싶고, 마무리를 서두르고 싶어진다.

그런 유혹을 누르고 처음의 평정한 마음을 끝까지 유지하는 것이야말로 승리의 비결이며 승부의 세계에서, 예술의 세계에서, 경영의 세계에서 성공한 모든 사람들이 늘 "처음으로 돌아가라"며 초심初心을 강조하는 이유이기도 하다.

창하오는 다 잡은 승리를 종반의 방심으로 놓쳐버렸다. 한발씩 물러서면서 마무리를 서두르고 싶은 욕망이 고개를 쳐들자 벼랑에서 되찾았던 처음의 마음가짐이 다시 흩어졌다. 내가 후반으로 갈수록 힘을 발휘하는 '끝내기의 이창호'라는 사실을 잊어버렸던 모양이다.

그것으로 끝이었다. 한때의 우위로 떠들썩하던 중국 검토실도 승부를 예견한 듯 조용하게 가라앉았고, 304수 만에 흑의 3점승이 확인됐다. 선생님과 서봉수 9단, 그리고 유창혁 9단으로 이어진 바둑올림픽의 16년 계주, 그 황금바통이 나의 손으로 넘어오는 순간이었다.

四. 위기 속의 선택

변화의 물결 앞에서 | '나'보다 앞서는 '우리'에 눈뜨다 | 2005년 상하이의 기억 | 대국수의 후예를 상대하다 | 원숭이 왕과의 첫 대결 | 뚝심과 괴력의 하드펀처 | 최후의 결전과 최고의 순간 | 돌부처를 일으키는 힘

변화의 물결 앞에서

因時適變, 權事制宜, 有足取者(인시적변, 권사제의, 유족취자). 중국 송나라의 문인 구양수_{歐陽修}는 "시기에 따라 적절하게 변화하고, 일을 가늠해서 적당한 방책을 내면 취할 바가 있다"고 했다.

2001년 한국기원이 '바둑의 스포츠화'를 천명한 이후 바둑계의 변화는 급격한 물살을 탔다. 호칭도 '기사'에서 '선수'로 바뀌었다. "피레네 산맥 이쪽에서의 진리가 산맥의 저쪽에서는 오류가 된다"는 말처럼 바둑계의 변화에도 많은 왈가왈부가 따랐다.

나도 아직 다소 어색한 감이 없지 않지만 바둑을 기예로 볼 것인가 스포츠로 볼 것인가의 초창기 논쟁은 시간이 흐르면서 어느 정도 사그러든 것 같다.

이즈음부터 이세돌, 최철한, 박영훈, 송태곤, 구리古力, 콩지에扎杰, 후야오위胡耀宇, 왕시王檄 등 1980년대생 국내외 후진기사들의 약진이 두드러졌다. 나 또한 눈앞에 다가온 커다란 변화의 파도를 온몸으로 치열하게 받아들여야만 했다. 2000년에는 국제대회인 삼성화재배 외에는 국내기전 3관왕에 그치는 부진을 겪었지만 2001년에는 국제대회 2회 우승(응씨배, LG배) 외 국내 6관왕에 오르면서 통산 100회 우승을 거머쥐었다. 돌이켜 생각할 때 겉으로 드러난 전과로만 보면 제1회 도요타덴소배 우승과 제4회 춘란배 우승으로 그랜드슬램❶을 달성하는 영광을 안은 2003년이, 두터움을 지향해온 순수한(?) 이창호의 절정기였던 것 같다.

나의 기풍 변화는, 2005년 제6회 농심신라면배 우승 후 귀국 인터뷰 때 "이제부터는 바둑을 즐기고 싶다"고 했던 말 그대로 '이기는 길' 보다는 '가보고 싶었던 길'을 가는 것이기도 했지만, 나 자신보다 상대에 의한 어쩔 수 없는 선택의 결과이기도 했다. 다시 말해 내가 그렇게 두고 싶을 때도 있지만 그보다는 상대가 나를 그렇게 두도록 만든다는 뜻이다.

❶ 세계바둑계에는 억대의 우승상금이 걸린 '빅6' 기전이 있다. 응씨배(40만 달러), 도요타덴소배(3천만 엔), LG배(2억 5천만 원), 삼성화재배(2억 원), 후지쓰배(1천500만 엔), 춘란배(15만 달러). 세계6대기전을 모두 한 차례 이상 우승하면 '그랜드슬램'이라고 한다.

예전에는 초, 중반에 크게 불리하지 않으면 무리하지 않고 종반까지 이끌어 끝내기에서 승부를 내는 편이었는데 이제는 그렇게 미세한 계가로 승부를 이끌었다가는 승리는커녕 역전패를 당할 가능성이 높다. 초중반에 기회가 왔을 때 과감하게 승부하지 않으면 승리를 장담하기 어려운 상대가 많아졌다는 얘기다. 그것은 대략 두 가지 이유로 설명할 수 있다.

첫째, 특정 소수가 아닌 신예 전체의 기량 상향평준화. 천적으로 불렸거나 새롭게 천적으로 부각되는 최철한, 윤준상, 강동윤, 김지석, 박정환이 아니라 갓 입단한 신예라도 그동안 내가 강점으로 삼아온 끝내기 하나만으로는 쉽게 이길 수 없는 시대가 됐다. 요즘 신예들에게 간간이 패하는 이유는, 그동안 전문가들이 말해 온 나의 '낯가림(강박관념)'과는 또 다른 것이다.

종반, 끝내기는 계산의 영역, 프로든 아마추어든 가장 귀찮아하고 가장 싫어하는 영역이다. 일반적으로 바둑은 초반, 중반, 종반의 순으로 향상된다고 말하지만, 나이가 들수록 오히려 끝내기에 약해진다. 집중력과 계산력, 체력이 떨어지기 때문이다.

그런 점에서 초반에 필요한 감각, 중반의 수읽기야말로 경험과 관록, 수많은 시행착오를 거친 혜안이 필요한 영역이고 종반, 끝내기는 상대적으로 어린 나이에 경지에 오르기 쉬운 영역이다. 비록 복잡한 특성 때문에 기사들에게 외면당하는 경향은 있지만 바둑판이 제한적으로 좁혀지는 종반이 초중반보다 어려운 영역은 결코 아닌 것이다.

과거 많은 사람들이 나의 승리를 불가사의하게 인식했던 것은 일종의 고정관념 때문이었다. 예전에는 종반과 끝내기의 가치를, 승부를 좌우할 만큼 크게 인식하고 집중적으로 몰두한 프로가 거의 없었는데 나는 종반부터 끝내기에 이르는 과정을 계산하고 정리하는 데 주력함으로써 승률을 높여 '신산神算'이라는 과분한 칭호를 얻게 된 것이다.

사실, 내가 종반과 끝내기에 주목한 것은 우연의 산물이다. 나는 불확실한 초중반에 승부가 좌우되는 게임의 법칙을 그대로 받아들이고 싶지 않았다. 초중반의 불확실성을 제거하고 가장 안전하게 승률을 높이기 위해, 싸우지 않고 이기는 길을 찾다가 누구도 주목하지 않은 계산의 영역으로 들어섰던 것이다.

종반과 끝내기가 단순한 계산을 끊임없이 반복해야 하는 지루한 영역이라는 것, 그리고 '몰입'과 '노력'에 강하다는 나의 기질이 바로 그 지루한 과정을 참고 견뎌내는 최적의 재능이었다는 것이야말로 우연한 행운이자 내가 많은 타이틀을 쟁취할 수 있었던 숨은 요인이었다.

그런데 오랜 시간 왕좌를 지킬 수 있게 해주었던 바로 그 종반 운영의 기술을 위협하는 신진기예들이 나타났다. 전투력이 강하면서도 끝내기까지 강한 후배들과 겨루면서 '두터움의 이창호'를 온전히 유지하는 것은 괴로운 일이었다. 변화를 모색하지 않을 수 없게 된 것이다.

그러나 변화는 안정과 상반된다. '탄탄한 실리구축의 초반, 두텁고 안정적인 중반, 정밀한 계산력을 앞세운 종반'이라는 승부공식의 변화는 승률에도 부정적인 영향을 끼칠 수밖에 없었다.

유일한 해법은 나를 이긴 상대에 대한 연구뿐이었다. 프로의 승부에서 편하게 돌아갈 수 있는 길은 없다. 나는 내제자 시절부터 습관이 된 패국의 연구를 통해, 까다로운 상대를 만났을 때 드러나는 취약점을 발견하고 보완하는 과정을 전보다 더욱 치열하게, 끊임없이 반복해야만 했다. 그리고 그것은 현재진행형이다.

둘째, 이건 좀 서글픈 이야기지만 이십대의 나와 삼십대의 내가 다르다는 것이다. 우선, 이십대일 때에 비해서 수읽기의 명징함이나 형세판단, 계가의 정밀함이 많이 떨어졌다. 사람에 따라서 조금씩 차이는 있을지 몰라도 이십대 초반이 프로의 절정기라는 건 바둑계 전문가들의 공통된 견해다. 나이가 들면 자연스럽게 뇌의 기능도 떨어지는데 그건 공부를 많이 한다고 해결될 일이 아니다.

또, 어느 정도 '이룰 것은 다 이루었다'는 자족自足의 마음도 없지 않다. '즐거운 바둑'으로의 지향은 그런 자족에서 온다. 두고 싶었지만 모호함 때문에 두지 못했던 수들을 과감하게 둬보는 것은 프로들의 마음속에 있는 일종의 로망이다.

바둑판 위의 승부보다 정신의 고양高揚을 추구하는 길. 아마도 후지사와 슈코 9단이나 조치훈 9단이 내게 말하고자 했던, 철학을 담은 '예藝의 바둑'이 그런 것인지도 모르겠다.

그러나 그런 예도藝道의 바둑은 승리가 최고의 미덕이 되는 요즘의 프로바둑과는 거리가 멀다. 즐거움을 지향하는 자족은 마음을 늦추는 일이며, 그런 느슨한 마음은 칼날 같은 긴장을 유지해야 할 승부에서는 독으로 작용할 때가 더 많다.

아무튼 즐거움을 위해서(그 크기는 아직은 크지 않고), 때로는 끝내기 승부에 자신이 없어서(이 부분이 크다) 초중반에 과감하게 싸움을 걸어가고, 다행히 그 전략의 선택이 성공으로 끝나면 사람들은 "부처가 투사로 바뀌었다"면서 즐거워하는데 그런 일들은 말 그대로 하나의 결과일 뿐이다. 나의 변화는 아직 끝나지 않았고 언제 끝날지는 나 자신도 모른다.

'붉은여왕 효과 red queen effect'라는 말이 있다. 한 사람이 변화하더라도 주변 환경이나 경쟁상대가 더 빠르게 변화함에 따라 상대적으로 뒤처지게 되는 원리다.

루이스 캐럴의 소설 『이상한 나라의 엘리스』의 속편 『거울을 통하여』 중 붉은여왕이 한 말에서 비롯된 것인데, 시카고대학의 진화학자 밴 베일른 Leigh Van Valen이 생태계의 쫓고 쫓기는 평형관계를 생물학의 '붉은여왕 효과'라고 명명하면서 널리 퍼졌다. 붉은여왕의 나라에서는 주변세계도 함께 움직이기 때문에 나름 열심히 뛴다고 해도 좀처럼 앞으로 나아갈 수 없다고 한다. 때문에 여왕은 이렇게 외친다.

"제자리에라도 있고 싶으면 죽어라 뛰어라!"

붉은여왕이 앨리스에게 했던 그 말은 나 자신에게도 끊임없이 상기시킨 말이다. 변화는 필연이다. 움직임을 멈추고 정체되는 것은 퇴보다. 어설프게나마 앞으로 움직여야 나아갈 길이 만들어진다. 정체를 벗어나 처음 내가 밟는 그곳이 곧 길이 된다.

'나'보다 앞서는 '우리'에 눈뜨다

모든 승부는 순간순간이 외줄을 타는 듯한 긴장의 연속이다. '돌부처'로 불린 나 역시 예외가 아니다. 그래도 나의 승부인생에서 가장 긴장되고 기억에 남았던 순간을 꼽으라면 언제일까. 상금과 명예를 따지자면 보다 앞서는 기록이 있겠지만, 지난 12년간의 농심신라면배°만큼 화인火印처럼 뚜렷하게 각인된 감동의 순간은

° 농심신라면배 세계바둑최강전은 1997년 진로배가 중단되고 난 뒤 2000년부터 새 대회명으로 1회 대회가 시작된, 한중일 3국의 대표기사 5명이 겨루는 단체전 성격의 세계기전이다. 농심배는 2010년 광저우 아시안게임에 바둑이 정식종목으로 출전하기 전까지 세계 유일의 바둑 국가대항전이었다.

없다.

내가 생각하는 '생애 최고의 순간'은 거액의 상금이 걸린 세계 타이틀전 우승이 아니다. 그 가슴 벅찬 순간은 내가 국내외 타이틀전에서 기록한 140회의 우승, 그 안에 없다. 그것은 바로 몇 번의 우승을 차지해도 개인의 기록으로 남겨질 수 없는 단체 국가대항전의 우승이기 때문이다.

그리고 그 최고의 순간을 만들어준 것이 바로 농심신라면배였다. 12회의 국가대항전을 치르는 동안 한 번도 거르지 않고 출전한 유일무이한 기사라는 영광은 내 기사생애의 소중한 기록이다.

때때로 "개인전 우승과 단체전 우승 중 어느 쪽이 더 기쁘냐"는 질문을 받는다. 물론 상금이 큰 개인토너먼트 세계대회 우승도 중요하다. 그렇지만 단체전 우승일 때의 기쁨이 훨씬 크다. 이창호 개인의 패배는 혼자 아픔을 견디면 그만이지만 단체전에서 지면 함께 출전한 동료들과 성원해준 모든 이들이 낙심하게 되기 때문이다. 단체전을 우승하면 그런 부담을 전부 내려놓을 수 있으니 그 기쁨과 영광과 마음 편함을 개인전에 견줄 수 없다.

프로기사라면 어느 기전은 일부러 잘 두고 어느 기전은 일부러 못 두는 일은 있을 수 없다. 하지만 프로도 사람인 이상 승부에 임하는 마음가짐은 조금씩 다를 수도 있다. 내가 최고의 전성기일 때나 최악의 슬럼프일 때나 단체전인 농심신라면배에서만큼은 필사의 집중력을 발휘했던 것도 아마 그런 이유 때문일 것이다.

승리도 다 똑같은 승리가 아니며, 패배도 다 똑같은 패배가 아니다. 커다란 승리와 커다란 패배가 있고, 작은 승리와 작은 패배가 있다. 작은 승리를 취하고 커다란 패배를 허용한다면 대국(大局)은 결코 이길 수 없다. '나'의 승리는 작은 승리에 불과하지만 '우리'의 승리는 무엇과도 바꿀 수 없는 커다란 승리다.

2005년 상하이의 기억

2000년부터 2004년까지 한국은 농심신라면배에서 5년 연속 우승을 일궈냈다. 그리고 2005년, 한국선수단은 6연속 우승을 위한 발걸음을 내딛었다.

농심신라면배는 연승전 방식이다. 이긴 사람이 계속해서 나머지 두 국가의 다음 선수들과 대결을 펼치게 된다. 즉 승리한 선수는 계속 다음 선수와 싸울 수 있지만, 한 번 패한 선수는 바로 탈락한다.

불운하게도 제9국이 끝났을 때, 한국은 주장이자 마지막 선수인 나 혼자 남아있었다. 일본은 2명, 중국은 3명이 남았다.

당시 나는 국내대회에서 부진을 면치 못하고 있었다. 2005년 들어서는 1승 5패의 참담한 성적이었다.

승리도 다 똑같은 승리가 아니며,
패배도 다 똑같은 패배가 아니다.
커다란 승리와 커다란 패배가 있고,
작은 승리와 작은 패배가 있다.
작은 승리를 취하고 커다란 패배를 허용한다면
대국(大局)은 결코 이길 수 없다.

2월 22일, 선수단장 김인 국수와 한국기원 관계자, 취재진과 함께 인천국제공항에 집결해 중국 상하이행 비행기에 몸을 실었다. 오후 3시 10분에 출발 예정이었던 비행기는 흐린 날씨 탓에 한 시간이 지연됐다.

한국선수단은 상하이 푸동공항에 내려 버스를 타고 한 시간가량 이동, 서울의 명동과 비슷한 주장루九江路 근처 왕바오허호텔에 여장을 풀었다.

호텔로 들어서니 먼저 와서 기다리고 있던 동생 영호가 반갑게 맞아주었다. 그림자처럼 따라다니며 대국준비부터 인터뷰나 식사, 심지어는 간식거리까지 어찌나 세심하게 챙겨주는지 이제 영호가 없는 중국원정은 상상도 할 수 없을 정도다.

호텔 로비에는 영호 이외에도 중국기자 7, 8명이 한국선수단을 기다리고 있었는데 도착이 지연되는 바람에 취재를 하지 못하고 돌아간 것 같았다. 허탕을 치고 돌아선 기자들에게는 미안한 일이지만 내게는 다행이었다.

나는 18일부터 20일까지 버스로 9시간이 걸리는 북한 금강산에서 최철한 9단과 국수전 도전기를 치르고 왔기 때문에 기진맥진한 상태였다. 나는 이 대국에서 최 9단에게 0 대 3으로 완패했다. 그런 데다 21일 하루 휴식을 취한 뒤 22일 다시 상하이로 이동한 강행군이어서 무엇보다 휴식이 간절했다. 예전보다 나아지긴 했지만 두통을 유발하는 비행시간도 여간 곤욕스러운 일이 아니다.

그래도 영호가 있으니 마음이 든든했다. 영호는 베이징에서 도착하자마자 내 방부터 체크인 해둔 것 같았다. 냉장고에는 생수와 청량음료, 초콜릿 등 가벼운 간식거리가 채워져있었다.

보통 도착 첫날은 선수단과 함께 식사를 하는데 웬일인지 한국기원 직원이 이번에는 "방에서 좀 쉬다가 따로 식사하는 게 편하지 않겠느냐"고 권하기에 고맙게 받아들였다. 중국 사정에 밝은 동생이 함께 있으니 편한 시간에 알아서 쉬고 알아서 식사하는 게 나을 것이라고 생각한 것 같다.

영호는 왕바오허호텔에 여러 차례 왔었기 때문에 호텔 근처의 편의점, 식당가, 발마사지센터 등 필요한 곳은 모두 손바닥 보듯 훤히 꿰고 있었다.

우리는 오후 7시쯤 저녁식사를 하기로 했다. 영호의 추천으로 걸어서 10분 거리에 있는 난징루南京路의 일식당을 가기로 했다. 이곳은 영호가 응씨배 본선기간 중 가본 식당이라는데 맛도 괜찮고 가격도 저렴해서 만족스러웠다고 한다.

저녁메뉴를 고르다가 문득, 응원하러 상하이까지 와준 팬클럽 '두터미' 회원들이 생각나 영호에게 함께 저녁식사를 할 수 있는지 연락해보라고 했다. 팬들은 고맙게도 흔쾌히 동행해주었다.

영호가 식당은 제대로 고른 것 같다. 도착해서 10분쯤 대기했다가 자리를 배정받을 만큼 사람이 많았다. 아무래도 늦은 시간이라 모두 배가 고팠는지 각자 먹고 싶은 요리를 시켰는데 10여 가지가 훌쩍 넘었다.

풍성한 식탁 덕에 저녁식사는 매우 즐거웠다. 나도 말이 많지 않은 데다 영호도 처음 보는 분들이 있어서 내심 서먹서먹해 하지 않을까 걱정했는데, 식사시간 내내 웃음이 끊이지 않았다. 진심으로 즐거워하는 팬들을 바라보며 큰 승부를 앞두고 언제나 찾아오는 고독감을 잊을 수 있었다.

저녁 9시 반, 식사를 마치고 바로 호텔로 돌아왔는데 배가 더부룩하고 속이 좋지 않았다. 평소에는 식사량이 적은 편인데 여러 사람과 어울리며 이것저것 먹다보니 나도 모르게 과식을 했다. 영호에게 이야기했더니 녀석은 나보다 더 걱정하는 눈치다.

저녁 10시쯤 영호가 기어이 해결책을 찾아냈다. 내게 "발마사지를 받으러 가자"고 한다. 정말이지 세계최고의 매니저다.

사실, 나는 '발마사지 마니아'다. 발마사지를 받으면 속도 편해지고 피로도 깨끗하게 풀린다. 다른 사람은 몰라도 나에게는 탁월한 효과가 있다. 발마사지센터에서 90분간 전신과 연결된 발바닥의 혈을 강하게 누르는 지압으로 피로를 풀었다.

호텔에 돌아오니 밤 11시가 넘었다. 나는 침대 위에 바둑판을 올려놓고 연구를 시작했다. 아직 상대가 누구인지는 모른다. 일단, 일본이 출전할 차례니까 왕밍완 9단이나 장쉬(張栩) 9단 둘 중 한 사람일 텐데 강자를 아끼는 전략이라면 왕 9단이 나설 것이고 기세의 승부수를 띄우는 전략이라면 장 9단이 나올 수도 있다.

하긴, 따지고 보면 고민할 필요도 없다. 누가 나와도 마찬가지다. 남은 네 사람을 모두 꺾어야 한국의 우승이 결정되니까 그저 최선을 다하는 수밖에 없다. 왕 9단과 장 9단 두 기사의 최신기보를 놓아보았다.

나의 바둑연구는 수순을 끝까지 놓아보는 것이 아니라 초반과 중반을 집중적으로 분석하는 방법이다. 왕 9단의 바둑에선 오랜 관록의 노련함이, 장 9단의 바둑에선 일본의 1인자다운 세기가 느껴졌다. 충분하다고 말할 수는 없지만 이쯤이면 버틸 준비는 된 셈이다. 새벽 2시쯤 침대 옆 스탠드의 불을 껐다.

눈을 떠보니 건너편 침대에 영호가 보이지 않는다. 꿈결인 듯 부스럭거리는 소리가 들리더니 나간 모양이다. 째깍거리는 시곗바늘은 오전 10시를 넘어서고 있었다. 죽은 듯이 푹 잔 덕인지 온몸이 개운하다. 발마사지 효과일까. 아무튼 예감은 나쁘지 않다.

다시 기보를 놓아보고 있는데 영호가 돌아왔다. 지난 한밤중에 대보름 명절이라고 요란하게 폭죽을 쏘아 올리는 행사가 있었다고 한다. 혹시나 내가 그 소리에 잠을 설치지는 않았는지 걱정했다는데 정작 나는 그 모든 소란을 까맣게 모르고 잠들었으니 정말 오랜만에 숙면을 취한 것 같다. 서울에선 두통과 불면증에 시달리는 날이 많았다.

오전 10시에는 한중일 3국의 공동기자회견이 있었다. 나는 당일 대국자라서 참석하지 않았기 때문에 나중에 인터넷 바둑사이트에 올라온 기사를 보고 내용을 알게 됐다.

공동기자회견 참석자는 중국은 화이강華以剛 8단(단장)과 왕시王檄 5단(선수), 일본은 린하이펑 9단(단장)과 왕밍완 9단(선수)이었다. 한국은 선수가 당일 대국자인 나 혼자뿐이라 김인 단장님 혼자 참석했고 후원사인 농심의 김승희 중국지사장까지 모두 6명이었다.

현지 신문, 방송 취재진의 가장 큰 관심은 '과연 올해도 한국이 우승할 수 있는가'에 있었는데 일본의 린하이펑 단장과 중국의 화이강 단장은 입을 맞추듯 비슷하게 신중한 답변을 내놓았다. "숫자로는 둘씩 남은 일본, 중국이 유리하지만 그래도 한국의 마지막 기사가 이창호이기 때문에 여전히 우승확률은 반반"이라는 견해였다.

한편 김인 단장님은 취재진이 예상치 못한 발언으로 긴장감을 조성했다. "한국이 세계최강이라고 하지만 이번 대회의 진행상황만 놓고 볼 때는 그렇지도 않은 것 같다. 아무리 이창호 9단이 남았다고 해도 사실상 우승을 포기한 것과 같다"는 발언이었다.

김 단장님은 꽤 오랜 시간을 들여 여러 차례 "사실상 우승을 포기했다"는 말을 반복했다. 영호의 관찰로는 2라운드 부산 대회부터 주장이 홀로 남아 중일 정상급 기사 다섯을 상대해야 하는 위기상황을 맞은 데 대해 화난 모습이었다고 한다.

영호의 또 다른 해석은, '허허실실虛虛實實' 전법이란다. 중국과 일본 쪽에는 우승을 포기한 것 같은 발언으로 방심을 유도하고 나에게는 승부욕을 고취시키는 충격요법으로 작용하도록 하는 일석이조의 언론플레이라는 얘기였다. 김 단장님처럼 진중한 분에게 허허실실이라니, 그건 좀 아닌 것 같다.

나에게 통산 상대전적에서 2 대 1로 앞선 일본 왕밍완 9단은 "이번에 이창호 9단과 마주하게 된다면 자신이 있느냐"는 질문에 "다행스럽게 내가 이겼던 두 판은 모두 흑을 쥐고 뒀다. 그리고 그 중 1승은 이 9단이 겨우 열네 살 때 거둔 것이다. 오늘 장쉬 9단이 먼저 출전하는데 솔직히 그가 이 9단을 이겨주기를 바란다"며 한껏 겸손을 발휘했다.

중국 왕시 5단의 답변은 더 과감했다. "오늘 대국에서 누가 이길 것으로 예상하느냐"는 질문에 "한국 팬들에게는 미안한 얘기지만 장쉬 9단이 올라오기를 바란다. 이 9단과는 만나고 싶지 않다"고 답변했다.

오전 11시 40분, 영호와 함께 아침 겸 점심을 먹기 위해 호텔 밖으로 나섰다. 내가 "어제 갔던 일식당이 괜찮은 것 같다"며 다시

가자고 했는데 약 10분을 걸어서 도착한 식당은 상당히 큰 규모임에도 불구하고 초만원을 이룬 상태라 10여 명이 밖에서 차례를 기다리고 있었다.

종업원에게 물어보니 15분 정도 기다리면 될 것 같다는데 그나마 예상일 뿐 자리를 만들어주겠다는 확답도 아니었다. 오후 2시부터 대국이므로 식사를 마치고 1시 반까지는 호텔로 돌아가 준비해야 하는데 무작정 기다린다는 게 부담스러웠다.

이번에도 영호가 기지를 발휘했다. 나에게 먼저 호텔로 돌아가 이길 준비나 하고 있으라는 것이다. 여기서 혼자 기다렸다가 차례가 되면 음식을 포장해서 호텔방으로 가지고 갈 테니 그때 같이 먹자는 얘기였다.

영호가 포장된 음식을 들고 호텔로 돌아온 시간은 대략 50분 뒤였다. 나로서는 대국준비를 하든 휴식을 취하든 최소 30분의 소중한 시간을 절약한 셈이다. 영호는 이후에도 수많은 중국원정 때마다 '배달신공'의 역량을 120퍼센트 발휘해 나를 감동시켰다.

대국수의 후예를 상대하다

오후 1시 55분, 호텔 2층에 마련된 대국실로 내려갔다. 엘리베이터에서 나오는 순간부터 기다렸다는 듯 사방에서 카메라 플래시가 터진다. 수도 없이 경험한 일이지만 한꺼번에 쏟아지는 빛의 세례는 불편하다.

먼저 와서 묵상에 잠겨있던 장쉬 9단이 가볍게 고개를 숙인다. 장 9단은 일본바둑에서 초일류의 상징으로 꼽히는 대삼관 大三冠❶ 중 기전서열 3위 타이틀 본인방을 쟁취하고 LG배 세계기왕전 4강에 진출하면서 일본바둑의 실질적인 1인자로 떠오른 젊은 맹주다.

일본기원에서 활약 중이지만 대만 출신이기 때문에 중국, 대만에서도 인기가 좋다. 대만에서는 우칭위엔 선생을 '대국수'라 부르고, 그 뒤를 이은 제자로서 일본바둑 정상에 오른 린하이펑 9단은 '국수'라고 하며, 2000년에 서열1위 기성 타이틀을 획득한 왕리청 9단을 '소국수'라고 부르는데, 이제 대국수의 후예로 떠오른 장 9단에게는 어떤 칭호가 주어질지 궁금해졌다. 하관이 빠른 외모는 준수하면서도 날카로운 인상을 풍겨 어딘지 모르게 젊은 시절의 선생님을 연상시켰다.

당시 장 9단은 상승기류를 타고 있었다. 기전서열 2위 타이틀 명인 도전권을 획득하고 춘란배, 후지쯔배 등 세계대회에서도 8강 진출 이상의 좋은 성적을 기록하고 있었다. 1년 전 부부의 연을 맺은 고바야시 이즈미 小林泉美 6단은, 조치훈 9단과 함께 일본바둑

❶ 일본 서열 1~3위 타이틀의 통칭. 기성, 명인, 본인방.

천하를 양분했던 고바야시 고이치 9단의 장녀로 일본 여자바둑의 정상급 실력파. 일본바둑계에선 이들로부터 최고의 재능을 가진 자녀가 태어나 한국, 중국을 물리치고 화려했던 영광의 시대로 회귀시켜주길 고대하는 팬들도 많았다.

일본은 상승세의 장 9단을 앞세우는 게, 20여 년 바둑인생 최악의 해를 맞아 주요대국에서 번번이 패퇴하고 있는 데다 금강산에서 속개된 국수 타이틀전의 여독이 덜 풀린 것으로 보이는 나를 넘어설 가능성이 높다고 판단한 것 같다. 이를테면 앞서 말한 승부수를 띄운 셈이다.

하지만 장 9단이라고 해서 부담이 없지만은 않을 것이다. 그는 원래 이번 대회 공식출전자가 아니었다. 출전자 명단에 있던 가토 마사오 加藤正夫 9단이 갑자기 타계하는 바람에 그 자리를 이어받았기 때문이다. 그런 정황이 장 9단에게 부담으로 작용할 수 있었다.

돌을 가린 결과 나의 선착(흑). 장 9단은 일본에서 프로수업을 받았으나 그 바둑의 성향, 흔히 말하는 기풍은 다분히 대륙적이고 어떤 측면에서는 한국적이기도 하다. 기본기가 좋은 일본바둑은 섬세하고 형태를 중시하며 급전急轉을 꺼리는 특징이 있는데 장 9단의 바둑은 실전적이고 급진적인 변화를 즐기는 특징이 있다.

나는 흑을 쥐었을 때 승률이 좋다. 나쁜 아니라 두터운 바둑으로 긴 승부를 즐기는 타입이라면 흑을 쥐었을 때 더 마음이 편안할 것이다. 덤 6집반까지는, 백의 수법이 적극적이어야 한다는 게 프로들의 중론이다. 응씨배처럼 덤 8점(7집반)의 룰이라면 거의 모든 프로들이 백을 원하겠지만.

팬들은 세계최강자라면 중견의 프로들보다 압도적으로 우월한 기량을 가진 것으로 오해하는 경우가 많은데 실제로는 그렇지 않다. 프로 정상과 중견의 차이는 덤 1집의 차이로 흑, 백의 선호도가 달라질 만큼 미미하다.

역시 장 9단은 적극적인 공세를 취하고 나왔다. 보통은 흑백 쌍방이 교대로 네 귀를 다 둔 뒤에 흑이 선공을 취하게 되는데, 장 9단이 두 번째 착수에서 빈 귀를 외면하고 먼저 도전해온 것이다. 두텁게 긴 승부로 이끄는 나의 스타일을 초반부터 흔들어 놓겠다는 명백한 도발이다.

갈 길이 먼데 출발부터 결과를 예측하기 어려운 진흙탕싸움을 할 필요는 없다. 내가 의도했던 대로 묵묵히 빈 귀를 채우자 장 9단도 별 수 없이 나머지 귀를 차지했다.

순류順流에 역류逆流를 일으킬 때 즉각 반응하는 것은 어리석다. 거기에 휘말리면 나를 잃고 상대의 흐름에 이끌려 순식간에 국면의 주도권을 넘겨주게 된다.

바둑만큼 '상대적'이라는 의미가 잘 드러나는 게임도 없다. 상순류(順流)에 역류(逆流)를 일으킬 때 즉각 반응하는 것은 어리석다.

거기에 휘말리면 나를 잃고 상대의 흐름에 이끌려

순식간에 국면의 주도권을 넘겨주게 된다.

바둑만큼 '상대적'이라는 의미가 잘 드러나는 게임도 없다.

상대가 역류를 일으켰을 때 나의 순류를 그대로 유지하는 것은

상대의 처지에서 보면 역류가 된다.

그러니 나의 흐름을 흔들림 없이 견지하는 자세야말로

최고의 방어수단이자 공격수단이 되기도 하는 것이다.

대가 역류를 일으켰을 때 나의 순류를 그대로 유지하는 것은 상대의 처지에서 보면 역류가 된다. 그러니 나의 흐름을 흔들림 없이 견지하는 자세야말로 최고의 방어수단이자 공격수단이 되기도 하는 것이다.

최초의 공방은 우하귀에서 발생했다. 여기서도 장 9단은 현란한 변화를 추구했지만 나의 평범한 응수에 오히려 중요한 돌을 잡히는 손해를 자초한 결과가 됐다.

초반의 흐름은 나쁘지 않다. 이건 상당히 중요하다. 내가 가장 자신 없어 하는 부분이 바로 초반포석이기 때문이다. 나는 선생님과 사제쟁기를 벌일 때에도, 이후 다른 강자들과 벌인 큰 승부에서도, 항상 초반에 뒤처지고 중반 이후에 따라붙기 시작해서 종반에 겨우 역전시키는 패턴을 일관했었다.

초반에 쉽게 포인트를 잃고 중반 이후에 한발씩 따라붙는 과정은 가시밭길을 맨발로 걷는 것처럼 괴롭기 짝이 없는 일이다. 솔직히 나는 창하오, 조한승, 구리, 콩지에처럼 포석감각으로 초반을 유연하게 술술 풀어나가는 기사들이 부럽다. 물론 이들은 중반 이후도 강한 정상의 프로들이다.

이 대국의 승부는, 초반의 흐름이 편해진 데다 실리에서 앞서나가면서 중반 이후까지 나의 우세는 흔들림이 없었다. 열세를 의식한 장 9단은 중반 이후 양면공격을 시도하는 승부수를 띄웠다.

이즈음 검토실에선 나의 역전패가 거론되기도 했다고 한다. 유리한 상황에서 상대의 승부수에 최강으로 맞대응한다는 게 상리에 어긋나는 것 같기는 하지만, 나는 승부를 결정할 수 있다는 데 의미를 두고 있었고 실제로 결과도 나쁘지 않았다. 나는 승리를 확신했다.

그런데 장 9단은 승부에 대한 집념을 잃지 않았고 그런 투지가 행운의 기회를 불렀다. 초읽기에 쫓기던 내가, 그 연장수단으로 무심코 사용한 수가 문제였다. 장 9단은 즉각 역전무드를 조성했다. 이때 한국선수단과 검토진영에서는 통탄의 한숨소리가 가득했다고 한다.

실은, 나도 아찔했다. 역전됐다고까지 생각하진 않았지만 다 잡았던 물고기가 손아귀를 빠져나가는 느낌이었다. 장 9단은 기회를 놓치지 않았고, 승부는 흑의 역전패가 될 수도 있는 상황으로 급변했다.

이후의 진행은 내게 행운이었다고 말할 수밖에 없다. 장 9단은 결정적인 순간에 서둘렀다. 중앙은 의외로 빈틈이 많아 쉽게 집을 만들 수 없는 곳이다. 딱 한발만 물러서서 중앙을 지켰다면 승리를 장담할 수 없는 극미한 형세가 됐을 것이고 승부의 결과 역시 짙은 안개 속으로 숨어버렸을 것이다.

야구선수가 홈런을 칠 때는 야구공이 수박만큼 커 보인다고 하던가. 장 9단이 물러서지 않고 꽉 틀어막는 순간, 내 눈에는 중앙 백의 빈틈이 너무도 훤히 보였다. 그리고 중앙이 무너지면서 승부도 끝이 났다. 부산에서의 승리에 이은 2연승.

침묵의 복기가 이어지는 사이에 기자들이 대국실을 가득 메우고 카메라 플래시를 터뜨리기 시작했다. 프로대국의 복기는 대단히 중요하다. 주요 국면의 수법과 반면 운영, 심지어는 전략의 발상까지도 되짚어 분석, 검토하는 시간이기 때문에 승자와 패자 모두에게 진일보하는 계기가 된다.

복기는 패자에게 상처를 헤집는 것과 같은 고통을 주지만 진정한 프로라면 복기를 거부하지 않을 것이다. 아니, 오히려 더 적극적으로 패자가 복기를 주도한다. 복기는 대국 전체를 되돌아보는 반성의 시간이며, 유일하게 패자가 승자보다 더 많은 것을 거둘 수 있는 시간이기 때문이다.

복기는 주로 패자가 놓아보는 돌(질문)에 승자가 놓아주는 돌(응답)의 진행으로 이루어지는데, 바둑을 잘 모르는 사람들이 알아들을 만한 대화는 짧거나 거의 없다. 말없이 늘어놓는 바둑판 위의 돌이 진짜 대화다. 프로들의 복기를 '선문답禪問答'이라고도 표현하는 이유다.

진땀으로 온몸을 적신 내가 기자들에게 양해를 구하고 화장실을 가는 바람에, 남겨진 장 9단의 인터뷰가 먼저 진행되었다. 패자를 향한 인터뷰 요청은 가혹하지만 프로라면 견뎌야 한다. 그런 아픔을 인내하는 과정이야말로 훗날 승자의 조건이 될 것이다.

장 9단은 나에 대해 "대국 전 이 9단이 극심한 슬럼프라고 들었는데 전혀 그런 느낌을 받지 못했다. 여전히 강하고 어려운 상대였다. 이렇게 중요한 승부에서 과감하게 신형新型을 시도한다는 것 자체로 나보다 한 수 위의 실력"이라는 과찬을 해주었다고 한다.

부끄럽고 고마웠다. 시간이 좀 지난 뒤라면 모를까, 패배의 아픔이 생생한 대국 직후 인터뷰에서 상대를 인정하고 높이 평가해주는 것은 말처럼 쉬운 일이 아니다.

대국실로 돌아오니 취재진의 질문공세가 기다린다. 인터뷰를 마치고 호텔방으로 올라가는데 나를 기다렸던 팬들이 환한 웃음으로 기운을 북돋아주었다. 오후 내내 검토실에서 손에 땀을 쥐고 가슴을 쓸어내렸을 것을 생각하니 그저 감사할 따름이다. "내일 짐 싸야 되는 줄 알았다"는 안도 섞인 푸념에 "하루 더 연장했네요"라고 웃으며 답할 수 있어서 정말 다행이었다.

방으로 돌아와 습관처럼 침대에 누워 눈을 붙였는데 어느덧 한 시간이나 지났다. 오후 7시가 좀 넘어서 영호와 함께 저녁을 먹으러 방을 나서다 옆방의 사이버오로 관전기자 두 분과 합류하게 되었다.

택시를 타고 20분 정도 이동해 도착한 한식당에서 영호가 바이지우白酒 한 병을 주문했다. "어떻게 고기가 있는데 술이 빠질 수가 있냐"며 술을 주문해놓고는, 영호는 며느리 눈치 주는 시어머니처럼 나에게는 "절대 안 된다"고 했다. 하지만 형이 딱 한 잔만 하겠다는데 끝까지 말리진 못했다. 그때 마신 바이지우 '딱 한 잔' 의 맛은 오래도록 잊지 못할 것 같다.

원숭이 왕과의 첫 대결

2월 24일 아침, 9시를 넘겨 일어났는데 몸이 개운하다. 간단히 얼굴만 씻고 바둑판 앞에 앉았다. 오늘 상대는 왕시 5단일까, 왕레이王磊 8단일까. 아마 왕시 5단일 것이다. 세계대회 경험이 많은 강자를 뒤로 배치하고 패기만만한 신예를 앞세우는 게 상식이니까. 관계자들도, 나도 그렇게 생각했다.

왕 5단과는 이때까지 겨뤄본 적이 없었다. 구리, 콩지에와 함께 중국바둑의 다음세대를 책임질 선두그룹에 속한 강자라고만 알고 있었다. 물론 기보는 볼 수 있다. 인터넷 바둑사이트가 등장한 이후 프로들의 본선대국은 종료 후 바로 인터넷에 게재되기 때문에 언제든 찾아서 볼 수 있다.

그런데 나는 좀, 사실은 아주 많이 구식이라 컴퓨터 모니터를 통한 기보분석을 별로 좋아하지 않는다. 절차가 불편하긴 해도 인쇄된 기보용지를 들고 바둑판 위에 놓아보는 것이 훨씬 좋다. 컴퓨터로는 수읽기가 되지 않기 때문이다. 돌을 집어서 꼭꼭 바둑판에 놓아봐야 수도 보이고 효과도 좋다.

나를 시대에 뒤떨어진 사람이라고 여겨도 어쩔 수 없지만, 나는 현대의 편의성이 인간을 생각하지 않게 만든다고 여기는 쪽이다. 생각하는 힘도 용불용用不用이다. 쓰면 쓸수록 발달되고, 쓰지 않고 먼지가 쌓이도록 내버려두면 퇴화한다.

방 안이 좀 어둡다. 베이징이나 상하이의 고층빌딩군은 세계 어느 나라의 대도시와 견주어도 상위에 존재할 것이고 그런 거인들이 촘촘하게 어깨를 맞대고 있기 때문에 상대적으로 낮은 층의 객실은 채광이 좋지 않다. 상하이의 하늘은 밝은 빛을 보여주는 데 꽤 인색하다. 영호가 방 안의 스탠드를 몽땅 켜고 광량을 최대한 키웠다. 그 정도로 만족해야 한다.

오전 11시, 한창 기보를 놓아보고 있는데 한국기원 전재현 과장으로부터 전화가 걸려왔다. 중국이 왕레이 8단의 출전을 통보해왔다고 알려준다. 왕시 5단이 먼저 출전할 것이라는 관측자들과 나의 예상을 뒤집는 결정이었다.

그러나 예상은 예상일 뿐. 달라질 것은 없다. 어떤 의미에서는 오히려 왕레이 8단이 먼저 나오는 구도가 나에게는 더 편할 수도 있다. 상대전적이라는 게 큰 의미를 갖는 건 아니지만 이때까지 나는 왕 8단에게 3전 전승을 거두고 있었다.

바둑을 놓아보고 있는데 영호가 따끈따끈한 포장음식을 들고 돌아왔다. 녀석은 아주 '배달의 기수'가 되었다. 0.1톤에 이르는 거구에 어울리지 않는 아이 같은 얼굴로 승부의 긴장을 이완시켜 주는 특별한 재주가 있는 기특한 녀석.

"첫날 확인해본 바로는, 그 일식당 메뉴가 총 60가지가 넘어. 오늘까지 계산해보니 한 40가지 맛본 셈이더라고. 그러니까 형이 남은 대국을 전부 이기라고. 나머지 요리들도 모두 맛볼 수 있게 말이야."

꾸밈없이 순수한 동생의 얼굴을 바라보며 다짐한다. '영호야, 그 요리들 반드시 다 먹게 해줄게.'

오후 1시 55분, 짧은 명상을 끝내고 방을 나서 2층 대국실로 내려왔다. 수많은 기자들이 복도 밖까지 길게 늘어서있었다. 하루 전보다 기자들 수가 부쩍 늘어난 것은 중국선수가 출전하는 날이기 때문일 것이다.

왕레이 8단은 먼저 도착해 자리에 앉아있었다. 자리에 앉자마자 2시 정각이 됐고 입회인의 대국개시 신호에 맞춰 돌을 가린 결과 왕 8단의 선착이 결정됐다. 본선12국, 나의 3연승 도전이다.

왕 8단은 나보다 2년 연하인데 '원숭이 왕'이라는 재미있는 별명을 가진 기사다. 호전적인 기풍을 보면 별명에 걸맞게 '제천대성 손오공'을 연상시키지만 그렇다고 해서 한국의 손오공(서능욱 9단)처럼 끊을 수 있는 곳은 모두 끊어놓고 싸우는 난전 타입은 아니다.

성품은 별명과는 거리가 멀다. 중국기원에서 손꼽힐 만큼 진중하고 성실하다. 중국바둑의 전망이 밝은 이유는 재능이 뛰어난 신예들이 속속 출현하는 인적자원과 일찌감치 바둑을 스포츠로 장려해온 중국정부의 지원이라는 환경조건 때문이기도 하지만, 더불어 중국바둑의 중추를 이룬 젊은 프로들의 품성이 하나같이 성실하다는 데 있다고 생각한다.

왕 8단 역시 그렇다. 연초 설 휴가까지 반납하고 특별훈련을 할 만큼 농심신라면배에 남다른 각오를 보였다고 한다. 나는 재능이 뛰어난 상대보다 이렇게 끊임없이 노력하는 상대가 더 두렵다.

하물며 못 본 사이에 어떻게 또 발전했는지 알 수도 없다. 이런 상황이면 이전까지 거둔 3연승의 전적은 아무런 의미가 없다. 아니, 오히려 방심이라는 독이 될 수도 있다. 조심해야 한다. 스스로 다짐하고 또 다짐했다.

사방에서 폭죽처럼 카메라 플래시가 터진다. 어쩔 수 없는 상황이지만 귓전을 두드리는 소리도, 눈앞에서 명멸하는 빛도 괴롭다. 한때는 이런 소리와 빛의 공세를 피하기 위해 사진기자들에게 허용된 취재시간 동안 아예 착수를 포기하고 명상에 잠긴 적이 있을 정도다.

나는 왜 다른 프로들처럼 이런 일들에 쉽게 적응하지 못하는 것일까. 정신을 다잡아야 한다. 이 시간만큼은 이 한 판의 바둑에 집중하자. 생각이 흩어지면 승부도 흩어진다.

나는 혼자가 아니다. 승리를 학수고대하는 동료들이 있고 가족이 있고 이역만리까지 응원을 와준 열렬한 지지자들이 있으며 소리 없이 성원을 보내는 수많은 팬들이 있다.

왕 8단은 전투성향의 기풍에 맞게 세력을 중시하면서도 전환이 빠른 포석을 들고 나왔고, 나는 국면을 잘게 쪼개 계산하기 좋은 형태를 만들면서 발 빠르게 실리를 챙기는 수법으로 맞섰다.

그런데 초중반의 경계에서 미묘한 느낌이 전류처럼 흘렀다. 왕 8단의 포석은 분명 전투지향적인 것이었는데 침착하게 우하귀를 굳히는가 싶더니 좌하 쪽에선 엷은 형태를 방치하고 선수를 뽑아 우변을 공략해왔다.

이 흐름은 일관되지 않다. 내가 변화를 준 것도 아닌데 상대의 리듬이 조금씩 비틀리는 그런 기분. 뭔가 왕 8단이 바짝 긴장한 것 같다는 느낌이 들었다. 나는 신속하게 우변을 안정시켰다.

왕 8단은 막강한 세력선을 구축했지만 이상하리만큼 압박하는 힘이 부족해 보였다. 아, 그렇구나. 큰 승부가 주는 긴장을 아직 떨치지 못했구나. 물에 잠긴 낚싯대에 물고기가 입질을 하듯 그런 느낌이 왔다.

뭐랄까. 왕 8단은 이미 세계대회 결승까지 경험한 베테랑이지만 특이하게도 이런 부분에서 약하다. 중국에서도 왕 8단이 뒤로 물러설 곳 없는 심장싸움에 약하다는 단점을 알고 있었기 때문에 긴장을 덜고 홀가분한 마음으로 싸우라고 먼저 출전시킨 것인데 오히려 그 배려가 '반드시 이겨야 한다' 는 부담으로 작용한 것인지도 모른다.

바둑은 마음의 작용이 큰 멘탈게임이다. 감정을 조절할 수 없으면 승부에 냉정하게 임할 수 없다. 기량이 아무리 출중해도 결정적인 승부처에서 강인하게 맞서지 못하고 주춤거리면 한순간에 무너진다. 이 대국은 딱 그렇게 끝이 났다.

나는 우변을 안정시킨 직후 남은 시간을 모조리 쏟아 부으며 하변 침입을 연구했고 마침내 중앙에 억류된 백까지 활용하는 하변 침입을 결행했다. 때가 무르익었다.

왕 8단으로서는 가장 괴로운 선택의 기로. 물러설 것인가, 강하게 맞설 것인가. 결국 왕 8단은 최강수단을 들고 나왔다. 강경노선을 택한 이상 뛰어든 백이 살아가면 돌을 거둬야 하는 처지가 되기 때문에 이후는 외길에 가까웠다. 왕 8단은 총력을 기울여 노골적인 살수를 펼쳤으나 나에게는 '바꿔치기' 라는 히든카드가 있었다.

승부는 하변과 중앙의 바꿔치기가 결행된 120~130수에서 사실상 결정됐다. 수순이 50여 수나 더 진행된 이유는, 왕 8단에게 마음을 추스르는 과정이 필요했기 때문일 것이다.

당연하다. 중요한 승부에서 패하고도 마음이 아무렇지도 않다면 그 사람은 이미 프로가 아니다. 그것은 인품과 무관하다. 승부사에게 패배의 아픔은 항상 생생한 날것이어야 한다. 늘 승자가 될 수는 없지만 패자의 역할에 길들여져서는 안 된다.

승패가 확인된 뒤 복기가 시작됐다. 어느새 몰려든 기자들의 카메라 플래시 세례 속에서 나는 조용히 왕 8단의 의견에 귀를 기울였으나 그는 좀처럼 입을 열지 않았다.

그렇다면 복기를 일찍 끝내는 것도 배려일 수 있다. 다행히 현지방송 생중계 관계로 인터뷰 요청이 들어와 복기를 끝낼 수 있었다. 중국에서는, 한국과 달리 패자에게도 소감을 묻는다. 가혹한 일이지만 팬들은 패자에게도 궁금한 게 많고 저널리즘이 거기에 충실하게 부응하는 것이니 뭐라고 할 수는 없는 일이다.

왕 8단에 대한 기자들의 질문은 짧았다. 나중에 영호에게 들어보니 "준비를 열심히 했지만 이 9단이 너무 강했다. 그는 내가 대비한다고 이길 수 있는 수준이 아니었다. 나는 오늘 어디서 어떻게 잘못 두었는지도 모른 채 져버렸다. 지금 내 실력으로는 이 9단의 바둑을 평가할 자격이 없다"고 말했다고 한다. 그것은 지나친

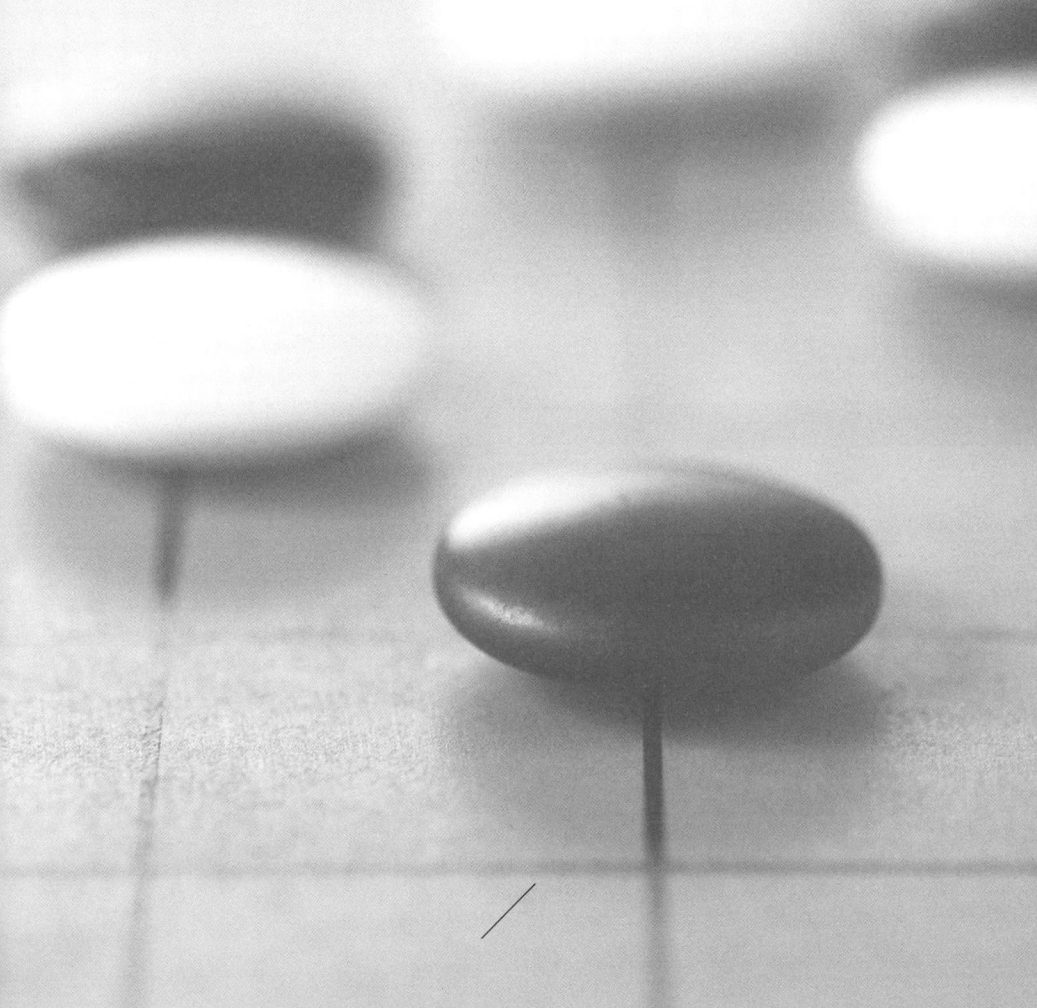

중요한 승부에서 패하고도 마음이 아무렇지도 않다면
그 사람은 이미 프로가 아니다. 그것은 인품과 무관하다.
승부사에게 패배의 아픔은 항상 생생한 날것이어야 한다.
늘 승자가 될 수는 없지만 패자의 역할에 길들여져서는 안 된다.

겸손이다. 이 대국을 향한 승리의 의지가 강했던 만큼 패배의 충격도 커서 일시적인 자괴감에 빠진 것이리라.

인터뷰가 끝나고 저녁에는 후원사의 초청만찬이 있었다. 농심의 박준 부사장님(현재 농심 국제사업총괄 사장)은 바둑애호가로 농심신라면배 창설에 절대적인 기여와 수고를 해준 분이다. 박 부사장님이 "선수단과 관계자들에게 맛있는 음식을 대접하고 싶다"며 고급 중식당을 예약해주었다. 요리는 한국사람들의 입맛에 맞는 것으로만 선별해 주문해둔 듯 짧은 내 입에도 대체로 잘 맞았다. 격의 없는 만찬은 편하고 즐거웠다.

뚝심과 괴력의 하드펀처

2월 25일 금요일, 침대 시트 안에서 애벌레처럼 꾸물거리다가 일어난 시간이 10시 30분이었다. 원래 늦잠을 자는 편이긴 했지만 그래도 평소보다 한 시간쯤은 더 게으름을 부린 것 같다.

간단히 세안만 하고 바둑판 앞에 앉았는데 영호가 걱정스러운 표정으로 말을 걸어온다. 덩치에 어울리지 않게 민감한 녀석이다. 역시 엊저녁 과식이 문제였다. 저녁 내내 속이 더부룩해서 소화도 시킬 겸 운동을 좀 했는데 오랫동안 안 쓰던 근육을 쓴 탓인지 어깨, 팔 등이 욱신거렸지만 그래도 잠은 편안하게 잘 잤다.

"배가 부른 것과 잠 잘 자는 것이 도대체 무슨 관계가 있느냐"고 걱정이 산더미인 녀석을 안심시키기 위해 한 마디 해주었다. 물론 그렇게 과식을 하고도 아무런 불편도 느끼지 못하고 바로 잠들 수 있는 동생의 그 무감각한 소화기관이 부럽긴 했다.

나는 영호가 아니기 때문에 아침식사는 건너뛰었다. 뭐, 꼭 그 이유가 아니라도 어정쩡한 시간에 '아점(아침 겸 점심)'을 먹는 게 나의 오랜 생활습관이긴 하다.

영호의 바람대로 60여 가지 메뉴를 다 맛보려면 부지런을 떨어야 한다. 포장해온 배달식을 먹고 왕밍완 9단의 기보를 분석했다. 상대만 바뀌었을 뿐 며칠째 계속 반복되는 패턴이다. 기진맥진한 상태로 상하이에 도착했지만 어느덧 체력도 상당부분 회복되고 컨디션도 좋다. 이 모든 게 옆에 있는 이 덩치 큰 녀석 덕이다.

오후 1시 58분, 2층 대국실에 들어섰는데 자리에 왕밍완 9단이 보였다. 깔끔한 회색 정장에 하얀 드레스셔츠, 하늘색 체크무늬 넥타이까지 단정하게 매고 빈 바둑판에 시선을 맞춘 채 생각에 잠겨있었다. 포석 구상인가. 아니면 3년 전 여름 승리의 기억을 더듬고 있는 것일까.

인기척을 느꼈는지 고개를 들어 나를 보더니 싱긋 웃으며 다시 고개를 숙인다. 매번 드는 느낌이지만 일본에서 수업한 프로들은 대국에 임하는 자세가 진지하고 예의도 바르다. 일본바둑이 오랜 시간 국기國技로 대접받아온 이유를 알겠다. 승부에서는 한국과 중국에 조금씩 밀려나고 있지만 문화의 저력으로 일본바둑은 여전히 한국보다 상위에 있다.

나도 고개를 숙여 답례하고 반대편 의자에 앉았다. 왕 9단은 나보다 14년 연상이다. 내가 엉금엉금 기어다닐 1977년에 입단했으니 까마득한 선배인데, 지금까지 후지쯔배에서만 세 번을 부딪쳐 1승 2패를 기록했다.

첫 번째는 세계최연소 세계대회 출전을 기록했던 1989년 본선이었는데 2회전에서 패했고, 두 번째는 1996년 본선에서 승리, 세 번째는 2002년 3, 4위 결정전에서 만나 반집을 져 4위를 했다.

왕 9단은 전형적인 대기만성의 프로다. 제한기전 이외에는 이렇다 할 공식타이틀 한번 가져본 적이 없다가 어느 날 갑자기 불혹의 나이에 일본 기전서열 3위 타이틀 본인방을 거머쥐었다.

'어느 날 갑자기'라는 표현을 썼지만 실은 그게 아니다. 그 5년 전부터 명인전, 본인방전 본선리그를 꾸준히 오르내리면서 비상을 꿈꾸고 있었던 것이다. 그만큼 성실하게 노력하는 기사다. 누군가 지켜보지 않아도 스스로 끊임없이 갈고 닦는 사람은 그 하나만으로도 존경받을 자격이 있다.

기풍도 늦깎이로 대삼관에 오른 기사답게 특이하다. 완력이 좋고 예측불허의 수를 잘 둔다. 제대로 기세를 타고 상대를 몰아붙

일 때는 광풍노도와 같은데 때로는 전혀 엉뚱한 실수로 순식간에 무너지기도 한다. 한마디로 괴력난신怪力亂神의 스타일이다.

왕루난王汝南 중국기원 원장의 대국개시 신호에 맞춰 돌을 가린 결과 왕 9단의 선착. 이 역시 특이하다면 특이한 경우다. 이것으로 왕 9단은 나와 가진 네 차례의 대국에서 모두 흑을 뽑아내는 진기록을 갖게 됐다.

선착의 권리를 가진 왕 9단은 전국全局의 무게중심을 우변에 실었다. 거대한 세력을 펼쳐 침입을 유도한 뒤 자연스럽게 난전을 이끌겠다는 구상.

이런 노골적인 세력포진에는 크게 두 가지 대응법이 있다. 우선, 조치훈 9단처럼 아예 적진 깊숙이 뛰어들어 초토화하는 폭파작전이 있다. 이때는 뛰어드는 쪽에서도 목숨을 걸어야 한다. 결과는 확연하다. 상대의 세력을 산산조각내거나 뛰어든 나의 특공대가 몰살당하거나. 그래서 조치훈 9단의 바둑은 항상 처절하다.

또 하나는 상대가 지키기도 공격하기도 모호한 경계를 찾아 상대의 세력을 조금씩 깎아 들어가는 삭감작전. 실리에 밝고 균형을 중시하는 타입은 대체로 다 이쪽이다. 나는 어느 한쪽에 치우친 스타일은 아닌데 굳이 편을 가르자면 이쪽에 가깝다.

세력바둑의 대명사로 꼽히는 '우주류' 다케미야 마사키 9단을 상대로 이런 싸움을 경험한 바 있다. 블랙홀 같은 세력을 상대할 때 가장 주의해야 할 점은 끊임없이 솟구치는 침입의 욕망을 참고 견디는 것이다.

위험한 곳을 과감하게 뛰어드는 것만이 용기가 아니다. 뛰어들고 싶은 유혹이 강렬한 곳을 외면하고 묵묵히 나의 길을 가는 것도 용기다. 이럴 때 승부의 포인트는 누가 먼저 인내를 깨뜨리느냐에 있다.

내가 선택한 세력포진의 대응수단은 침입도 삭감도 아닌 '제3의 길'이었다. 나는 중앙 경계선과 좌상 일대의 공방을 연계하여 우변 흑 세력에 버금가는 세력을 좌변에 구축했다.

이럴 때 바둑은 천지를 창조한 신의 권능을 물려받는 것과 유사한 희열을 준다. 위기에서 우연히 흘러나온 발상이라고 할지라도 이전에 볼 수 없었던 새로운 방법으로 신세계를 건설하는 것. 몰아沒我의 상황에서 그려내는 나만의 세계는 미니어처에 불과하다는 혹평을 듣게 될지도 모르지만 실패와 성공에 관계없이 그것은 창조행위와 다름없다.

좌상 쪽 공방에서 흑이 들여다봐놓고 끊지 않은 실수가 나의 신세계 건설에 결정적으로 기여했다. 행운이란 그런 것이다. 기량만으로 항상 승리를 가져올 수는 없다. 위험을 동반하더라도 끊임없이 새로운 모색을 추구해야 한다. 위기危機란 말 자체가 그렇듯 위험과 기회는 항상 동시에 주어지는 법이다.

위험한 곳을 과감하게 뛰어드는 것만이 용기가 아니다.

뛰어들고 싶은 유혹이 강렬한 곳을 외면하고

묵묵히 나의 길을 가는 것도 용기다.

이럴 때 승부의 포인트는 누가 먼저 인내를 깨뜨리느냐에 있다.

어쩌면 왕 9단에게 15분을 숙고할 수 있는 고뇌의 시간과, 끊고 싸우지 않고서도 살 수 있는 길이 있었다는 게 불운이었는지도 모른다. 적어도 그 순간만은 나는 누구보다 절박했고 그 절박함의 차이가 승부를 갈랐다.

왕 9단은 뒤늦게 좌변으로 뛰어들었지만 승리의 여신은 이미 나의 손을 들어 올리고 있었다. 나는 좌변의 공방에서 승리를 확신할 수 있었다. 결정타를 놓친 왕 9단은 좌변에서 걷잡을 수 없이 무너졌다.

사실상 승부도 좌변 패가 마무리되는 순간 끝이 났으나 왕 9단은 그로부터 약 한 시간이 더 흐른 오후 5시 30분이 돼서야 백기를 들어올렸다.

한일전인 탓인지 현지의 관심은 하루 전보다 크게 떨어졌다. 복기가 시작되자 예상대로 왕 9단은 좌상 일대의 공방에 대한 검토를 요청했다. 변화가 복잡해서 명쾌한 답을 찾기는 어려웠지만 끊을 수 있었던 곳을 놓친 것은 실수였다.

왕 9단이 거길 끊었다면 어떻게 됐을까. 승패를 떠나 그때부터 내 앞길은 고난의 가시밭길이 됐을 것이다. 그는 절호의 기회를 놓쳐버린 아쉬움에 계속 머리를 긁적이며 쓴웃음을 흘렸다.

그래도 표정은 밝았다. 나도 덩달아 마음이 편해졌다. 밝은 기운도 어두운 기운도 모두 그 사람의 마음이 빚어내는 것이다. 왕

9단이 불혹을 넘긴 나이에 일본 기전서열 3위 본인방 타이틀을 거머쥘 수 있었던 힘의 원천이 무엇인지 알 것 같다. 그건 성공과 실패의 결과를 겸허히 받아들이는 긍정의 힘이다.

웃음은 감염이 빠르고 부작용 없는 활력제다. 왕 9단은 복기를 마칠 때까지 시종 사람 좋은 웃음을 지었고 웃는 얼굴을 잘 만들어내지 못하는 나도 제법 유쾌한 표정을 지었던 기억이 난다. 패자도 승자의 여유를 보여줄 수 있다는 것을 그때 배웠다.

취재진은 "최근의 바둑을 보면 많이 바뀐 것 같다. 유리해도 물러서지 않고 계속 강수로 일관하는 것 같은데 무슨 이유인가" 하는 질문을 던졌다.

나는 "예전과 달리 조금 유리해도 마지막까지 이긴다는 확신이 생기지 않는다. 그래서 확실한 우위를 점하기 위해 좀더 강하게 두는 경향이 있다"고 밝혔다.

피로가 몰려와 공식인터뷰만 응하고 방으로 올라왔다. 바둑 관련 기사를 풍성하게 만들고 팬들의 관심을 높이기 위해 모든 인터뷰에 다 응해주고 싶지만, 아직 대국이 남아있고 체력도 바닥이나 어쩔 수 없었다.

나는 방에 돌아오자마자 옷을 벗는 것도 귀찮아 그냥 곧바로 침대에 쓰러져 잠이 들어버렸다. 저녁식사 시간이 될 때까지 달콤한 시한부의 죽음.

최후의 결전과 최고의 순간

2월 26일 아침. 모처럼 일찍 눈을 떴다. 영호는 내게 신경을 쓰느라고 피곤했는지 여전히 침대 위에서 꾸물거리고 있었다. 오전 9시를 조금 넘어섰을 때 침대에서 비척비척 일어나 앉더니 왕시 5단의 기보를 놓아보고 있는 나를 신기하다는 표정으로 바라본다.

'아니, 형이 웬일이야?' 말은 하지 않았지만 딱 그런 얼굴인데 시간이 조금 흐른 뒤 표정이 바뀐다. 이번에는 측은하다는 눈빛이다. 이럴 땐 녀석이 형 같다.

형제란, 한 핏줄이란, 그런 것인가 보다. 말하지 않아도 안다. 내가 일찍 일어난 것은 휴식을 충분히 취했기 때문이 아니라 마지막 승부를 앞둔 긴장감 때문이란 걸, 일어나서 나를 보자마자 그냥 알아버린다.

나는 피로감이 극에 이르거나 신경이 극도로 예민해지면 깊이 잠들지 못한다. 생체시계에 분, 초 단위로 알람을 설정해둔 것처럼 사정없이 온몸을 두드리고 일으켜 세운다.

나는 하루 전의 피로를 개운하게 털고 일어난 것이 아니었다. 잠을 잘 수가 없어서 일찍 일어난 체하는 것이고, 지금 동생의 저 눈빛에는 그게 측은하다는 뜻이 담겨있다. 영호는 대국이 끝날 때마다 방으로 돌아와 실신하듯 침대에 쓰러지는 내 모습을 보고 주변 지인들에게 "내게는 부와 명예를 거머쥔 세계최고의 승부사가 아니라 저렇게 살아야만 할까 싶을 정도로 그저 안쓰러운 형일 뿐"이라고 말하기도 했다. 정말이지, 가끔은 건방진 구석이 있는 녀석이다.

영호는 생수를 사오겠다며 슬그머니 밖으로 사라졌다. 승부를 업으로 하는 사람들에게는, 고통을 목격해도 모르는 체 홀로 내버려두는 게 때로는 최선의 배려일 수 있다는 사실을, 도대체 녀석은 어디서 알게 된 것일까.

왕 5단의 기보를 보고 바둑판 위의 돌을 이리저리 옮기며 연구하고 있는데 영호가 들어왔다. 냉장고에 생수를 채워 넣고 노트북을 켠다. 녀석이 인터넷으로 메일을 검색하고 웹서핑을 하는 건 하루의 일과다.

갑자기 휴대전화가 울린다. 간간이 귓전을 스치는 대화 내용으로 볼 때 전주의 아버지한테서 걸려온 전화인 것 같았다. 몇 마디 더 이어지나 싶더니 그냥 끊는다. 아니, 나는 안 바꿔주고? 뻔하다. 하루이틀의 일도 아니니까 통화내용까지 훤하다.

"잘 일어났냐? 오냐, 됐다. 형은 바꿔줄 거 없어. 그냥 평상시대로 식사나 잘 챙겨줘라."

할아버지도 아버지도 늘 그랬다. 입단한 이후 20여 년간 오직 내가 이겼다는 소식 하나로 세상을 다 얻은 듯이 기뻐했으면서도 정작 당신들의 바람은 내게 손톱만큼도 내비친 적 없었다.

가끔은 '잘하라' 는 격려의 말이라도 하지 않을까 기다려도 그런 말조차 승부에 부담을 준다며 말 한마디 직접 건네지 않고 그저 영호에게만 당부했다는 걸 잘 안다. 과분한 사랑이다.

하긴, 어디 가족뿐인가. 가까이 인연을 맺은 많은 사람들과 이름 모를 수많은 팬들까지, 그 커다란 사랑에 어떻게 화답해야 할지 모르겠다. 이런 행운이라니…, 혹시 내가 전생에 나라를 구한 건가.

세상에 공짜는 없다. 받은 것이 있으면 반드시 돌려주어야 한다. 할아버지로부터, 아버지로부터 그렇게 배웠다.

그러나 나는 말주변도 없고 별다른 재주도 없다. 나의 진정을 담을 수 있는 화답은 오직 바둑뿐이다. 그러니 이겨야 한다. 성의를 다해야 한다.

문득, 허기가 찾아든다. 신기한 일이다. 엊저녁에 그렇게 먹고도? 뇌의 노동도 육체노동 못지않게 많은 에너지를 소비하나보다. 오전 11시쯤 농심에서 가져다준 컵라면으로 일단 허기를 달랜다.

컵라면은 임시조치다. 오후 내내 대국실에서 버틸 체력을 비축하려면 뭐든 더 먹어둬야 하는데 컵라면을 먹은 뒤 불과 한 시간 뒤에 푸짐한 배달식을 먹는 건 아무래도 무리다. 음, 그렇다면 간단하게 햄버거나 먹어볼까.

드디어 마지막 준비가 끝났다. 아침부터 4시간이 넘도록 왕시 5단의 기보에 얼굴을 파묻고 있었으니 이제부터는 진인사대천명 盡人事待天命이다. 손지압기를 챙기고 구두끈을 고쳐 맸다.

나는 엘리베이터 앞 복도에서 영호를 바라보며 형제에게나 맘 편히 보일 수 있는 투정을 부렸다.

"어휴, 1년 동안 공부할 양을 4일 만에 다 한 것 같아."

장사진을 친 취재진을 뚫고 대국실에 도착하니 왕시 5단이 먼저 자리를 잡고 있었다. 내가 2시 정각에 도착했기 때문에 대기시간 없이 바로 돌을 가리게 됐다. 왕 5단보다 9년 연상인 내가 백돌을 한 주먹 움켜쥐었고 그가 두 개의 흑돌을 바둑판 위에 올려놓았다.

왕 5단은 짝수를 선택했다. 내가 주먹을 펴 바둑판 위에 가지런히 돌을 늘어놓았다. 모두 21개, 홀수다. 왕 5단이 맞추지 못했으므로 나의 선착이 결정됐다.

이 '돌 가리기'의 결과는 행운의 전조였다. 사전에 연구해둔 포석전략은 내가 선착이 돼야 펼칠 수 있는 것인데 그게 기분 좋게 맞아떨어졌다.

나는 준비했던 포석을 거침없이 펼쳤다. 보통 마지막 대국이라면 초반포석 단계부터 신중에 신중을 기하고 돌다리를 두드리듯 조심스럽게 공을 들여 천천히 움직이는 법인데 나는 인터넷 '10초

바둑'을 두듯 왕 5단의 착수에 거의 노타임으로 응수했다.

　예상에 없던 속기전략에 왕 5단은 당황한 표정이 역력했다. 나의 의도를 파악하기 위해 초반부터 장고長考에 장고를 거듭하며 전력투구했는데 20수 가까이 진행된 뒤 비로소 내가, 이틀 전 왕레이 8단이 펼쳤던 바로 그 포진을 재현하고 있다는 사실을 알아차린 것 같다.

　그런데 나의 속기전략에 고심하다가 똑같은 속기로 맞선 것은 냉철하지 못한 판단이었다. 나는 이미 이틀 전 이 포진에서 파생되는 변화를 다양하게 검토한 상태였고 왕 5단은 부딪치는 순간부터 대응수단을 짜내야 하는 상태였으니 어느 쪽이 유리한가는 새삼 설명할 필요도 없는 일이다.

　검토실에서는 나의 과속운행에 의문을 제기하고 백에 너무 쉽게 실리를 허용하는 게 아니냐는 우려도 있었던 것 같다. 그러나 나는 이번 시리즈에서 이 바둑만큼 확실한 전략의 승리였다고 할 수 있는 대국은 없었다고 말하고 싶다.

　왕 5단은 1년 전 CSK배에서 3승을 올려 중국의 우승을 견인했고 삼성화재배 결승까지 치고 올라가 이세돌 9단과 자웅을 겨룬 중국바둑의 기대주였지만 이 대국에선 자신의 장점을 전혀 발휘하지 못했다.

　속기전략에 말려 별 숙고도 없이 실리를 챙긴 대가로 우상 일대에 막강한 흑 세력을 구축하게 만든 데다 하변의 두터움까지 쉽게 허용해 이미 백이 승리하기 어려운 구도였다.

결정타는 좌하귀 접전에서 중앙 출구가 봉쇄된 것이다. 흑이 하변과 중앙으로 이어지는 제공권을 장악해 사실상 승부가 끝났다. 이후 이어진 국지전은 시간을 연장하기 위한 소모전이었을 뿐 별다른 의미가 없었다.

대국이 끝나고 기자들이 몰려들었다. 왕 5단은 복기를 원하는 것 같았으나 사방에서 터지는 카메라 플래시와 순서 없이 무차별적으로 들이밀어지는 방송사 마이크 때문에 복기를 진행할 수 있는 상황이 아니었다.

나는 말없이 그저 자리를 지키는 것으로 왕 5단의 마음을 위로할 수밖에 없었다. 결국 복기, 검토는 하지 못하고 중국 최고 권위의 국영방송 CCTV의 요청으로 승자 인터뷰가 진행됐다.

왕 5단은 묵묵히 상황을 지켜보다가 복기를 진행할 수 없음을 알고 자리에서 일어났다. 바둑은 승자가 모든 것을 누리는 제로섬 게임이지만 복기만큼은 패자에게 더 큰 미래의 기회를 제공하는 선물과 같은 것이기 때문에 나도 왕 5단과 복기, 검토의 시간을 갖고 싶었는데 불발에 그쳐 아쉬웠다.

몸이 납덩이처럼 무겁고 현기증이 나서 찬물 세수로 정신을 차리기 위해 화장실을 갔는데 시상식장으로 돌아오는 길에 길목을 지키고 있던 바둑팬들에게 둘러싸였다.

중국의 바둑팬들은 감정표현이 한국의 바둑팬들보다 훨씬 적극적이다. 사인공세에 시달리며 시상식장 쪽으로 움직이지도 못하고 잡혀있는 바람에 시상식 행사 스태프들이 화장실로 나를 찾으러 오는 해프닝이 벌어졌다.

스태프들의 도움으로 팬들의 포위망을 벗어나 시상식장으로 돌아오니 예년보다 많은 100여 명의 취재진과 팬들이 웅성거리며 기다리고 있었다.

곧이어 식순에 의한 사회자의 진행에 따라 한국선수단장 김인 국수가 우승 트로피를 받아들었고 내가 '우승상금 보드(1억 5천만 원)'와 '연승상금 보드(3천만 원)'를 들어올렸다.

중국 언론은 나의 5연승과 한국의 6연패 우승을 삼국지에서 조조의 다섯 관문을 돌파하며 유비에게로 돌아간 관운장의 '오관참장 五關斬將'에 비유했다. 이백 李白의 시 〈촉도난 蜀道難〉의 한 구절을 차용해 "一夫當關 萬夫莫開(일부당관 만부막개), 한 사람이 관문을 지키니 천군만마가 소용없구나"라고 썼다.

'미션 임파서블'. 사람들은 제6회 농심신라면배 3라운드 상하이 원정을 떠나는 나에게 그런 농담을 던졌었다. 부디 살아 돌아오라는 말과 함께.

나는 웃으며 돌아왔다. 불가능할 것이라던 임무를 수행하고 많은 사람들의 바람대로 살아서 돌아왔다. 몸은 여전히 무거웠지만 책임을 완수했다는 홀가분한 마음으로 여행가방을 끌고 공항 출구를 빠져 나왔다.

그런데 이게 무슨 일인가. 전혀 예상하지 못했던 광경에 흠칫, 발을 멈췄다. 갑자기 사방에서 카메라 플래시가 터졌다. 펜스 너머 물결처럼 출렁거리는 피켓.

잠시 당황했지만 곧 울컥, 북받쳐 오르는 감정에 안경을 슬그머니 밀어 올리며 고개를 돌렸다. 눈시울이 뜨거워져 견딜 수가 없었다.

프로의 무대로 뛰어든 이후 세계대회 우승컵을 안고 돌아온 것이 어디 한두 번인가. 그러나 그 어느 때에도 이렇게 가슴 벅찬 환영은 없었다. 나는 다시 한 번 안경을 밀어 올렸다.

"미안하다, 다 이겼다"

"누가 슬럼프래? 모두 꿇어!"

"농심배 30연승 전설은 끝나지 않았다"

공항 출구 전면 허리 높이로 둘러쳐진 펜스 뒤로 수십 명의 팬들이 플래카드와 피켓을 들고 나를 향해 일제히 환호했다. 대기하고 있던 한국기원 직원과 팬클럽 회원들이 꽃다발을 안겨주었고, 다시 박수갈채와 함께 카메라 플래시가 터졌다.

"이창호!"

"이창호!"

"이창호!"

그 언제, 그 누가 나의 이름을 이토록 간절하게 불러준 적이 있던가. 그렇다. 이 순간만큼은 나는 그 누구보다 행복한 사람이다.

돌부처를 일으키는 힘

한국바둑은 2010년 제11회 농심신라면배에서 2005년과 비슷한 위기를 되풀이했다. 나를 제외한 한국선수단 전원이 탈락하고 일본의 다카오 신지高尾紳路 9단, 중국의 류싱 7단, 구리 9단, 창하오 9단이 남겨진 상황은 오히려 2005년보다 더 나빴다.

다카오 9단과 류싱 7단이 상하이 첫 대국에서 격돌해 다카오 9단이 탈락하고 내가 상대해야 할 선수들은 류싱 7단, 구리 9단, 창하오 9단, 셋으로 줄었지만 나의 전력상태나 남겨진 중국선수 개개인의 전력상태를 2005년과 비교하면 훨씬 힘겨운 싸움이었다.

그러나 나는 류싱 7단, 구리 9단, 창하오 9단을 차례로 물리쳤다. 솔직히 말하면 이 우승은 나 스스로조차 기대하지 못했던 행운의 결과였다.

왜 나는 다른 기전에서는 최악의 성적으로 곤두박질하다가 유독 농심신라면배에만 출전하면 사람이 달라진 것 같은 힘을 발휘하게 되는 걸까.

　실은, 나 역시 잘 모른다. 다만, 어쩌면 그런 것일지도 모른다는 몇 가지 생각 또는 배경과 나의 성격을 이야기할 수 있을 뿐이다.

　우선, 농심신라면배는 나와 상성이 맞는 기전 같다. 제한시간 1시간은 나의 체력이나 뇌력을 풀로 가동시키기에 적절하고, 오전에 휴식을 취하고 오후에 대국하는 시스템도 나의 생활패턴이나 신체리듬과 아주 이상적으로 맞아떨어진다.

　단체전으로 겨루는 연승식 국가대항전이라는 구조는 나의 성격과 밀접한 관계가 있다. 나는 책임에 대한 강박이 심한 편이다.

　동료들이 "당연히 이겨야 한다"고 기대할 때 심리적으로 가장 불안해지고, "이창호라도 어쩔 수 없다"고 포기할 때 가장 편안해진다. 그 상반된 결과가 어떠하리라는 것은 쉽게 짐작할 수 있을 것이다.

　내가 농심신라면배 우승 견인에 실패한 때는, 단 1승만 거두면 우승할 수 있었던 제7회 대회와 한국 2명(이창호, 박영훈), 중국 2명(창하오, 구리)으로 대등하게 겨룬 제9회 대회였다. 두 대회 모두 동료들로서는 "이창호가 당연히 이겨야 한다"고 기대했겠지만 나는 그런 심리적 중압감을 떨치지 못하고 패했다.

　아이러니하게도 팬들이 '기적 같은'이라는 수식어를 사용하며 큰 박수를 보내준 제6회, 제11회 대회의 고군분투는 동료들이 "이창호라도 어쩔 수 없다"고 포기했기 때문에 가능한 것이었다.

이때 오히려 나는 심리적으로 가장 편안한 상태에서 최선을 다할 수 있었고 최고의 성과를 끌어낼 수 있었다.

중요한 국가대항전 승부에서 패배의 위기에 직면했을 때마다 내 귓가에는 쓰러진 나를 다시 일으켜 세우며 "제발, 포기하지 말아줘!"라고 외치는 간절한 목소리가 들린다.

모든 상대가 국가를 대표해서 출전한 강자인 만큼 쉬운 상대는 한 사람도 없었지만 구리 9단, 콩지에 9단, 또는 전성기의 요다 노리모토 9단처럼 바둑판 안팎에서 나를 빈틈없이 조여오는, 숨 막히는 상대는 없었다. 그런 의미에서 콩지에와 구리를 물리치고 한국의 일곱 번째 우승을 결정한 제8회 대회와 류싱, 구리, 창하오를 꺾고 아홉 번째 우승을 확정한 제11회 대회가 2005년의 대회보다 훨씬 더 힘들었다.

그때 나는 구리, 창하오와의 대국에서 그 간절한 목소리를 들었다. 절망의 상황이었다. 당시 검토실의 분위기를 나중에 들어보니 선수단도, 팬들도 모두 한국의 우승을 포기했었다고 한다.

당연하다. 당시의 나는 사상 최악의 성적을 기록하며 나락으로 떨어진 만신창이의 상태였다. 절정에 오른 구리 9단이나 몰라보게 달라진 창하오 9단과 정면승부를 논할 수 있는 처지가 아니었다.

사실, 그런 절체절명의 위기는 승부의 현장에 직면한 내가 가장 잘 알고 있었다. 온몸에 진땀이 흐르고 기진맥진한 최악의 상황. 몇 수를 더 진행하다 돌을 거두어야 할까. 패색이 짙었던 바로 그 순간, 환청 같은 목소리가 들려왔다.

"제발, 포기하지 말아줘!"

눈앞이 흐릿하다. 물수건으로 얼굴의 진땀을 닦아내고 마지막 안간힘을 쥐어짜내 승부처에 다시 몰입한다. 저 간절한 목소리를 저버릴 수는 없다.

상대는 강하지만 몇 번이고 넘어선 경험이 있다. 이기지 못할 이유가 없다. 나를 믿어야 한다. 수가 보이지 않는 것은 강적에 대한 두려움 때문이 아니라 나 자신에 대한 불신 때문이다. 나는 약하지 않다. 거기, 전세를 뒤엎을 비장의 수가 있다. 찾아라, 찾아라.

이윽고 믿을 수 없는 장면이 연출된다. 나는 다른 사람이라도 된 듯 강수를 연발하고 상대는 거기에 짜맞춰주듯 실수를 연발하고…. 구리 9단도, 창하오 9단도 그렇게 넘어섰다.

승리를 확인하고 대국실을 빠져나올 때마다 정신이 혼미하다. 모든 기억들이 단편적으로 끊어졌다 이어지기를 반복한다. 그때 사람들의 눈에 비친 나의 모습은 대체로 실신지경이었다고 한다.

아마, 그럴 것이다. 이미 평소의 나는 쓰러지고 없으니까. 비틀거리는 걸음으로 대국실을 빠져나가는 사람은 내가 아닌 나, 그 어떤 간절한 목소리에 의해 몸을 일으켜 세운 또 다른 이창호니까.

사람들에게는 학습효과라는 게 있다. 많은 사람들이 "그건 도저히 해낼 수 없을 거야, 불가능한 일이야"라고 말한 일을 누군가 해낸다면 그 사람은 바로 영웅이 된다.

제1회 응씨배 우승을 거머쥔 선생님의 경우가 그렇다. 중국과 일본에 밀려 변방 취급을 받던 시절, 단기필마로 출전한 선생님이 중국, 일본의 정상급 강자들을 물리치고 응씨배 우승을 차지하리라고는 누구도 생각하지 못했을 것이다.

선생님은 김포공항에서 관철동 한국기원까지 카퍼레이드를 벌이는 열렬한 환영을 받았다. 감격에 목이 메일 만큼 뜨거운 환영이었다.

그런데 그 이후로도 서봉수 9단, 유창혁 9단, 나, 최철한 9단까지 똑같은 응씨배 우승을 차지했는데 누구도 선생님과 같은 뜨거운 환영을 받지는 못했다.

그게 학습효과다. 이미 선생님의 응씨배 우승으로 팬들은 '아, 이제 한국의 프로들도 세계대회에서 우승할 수 있는 실력이 됐구나' 라는 생각을 하게 되고, 그 순간 기대치가 높아진다. 이제 우승을 해도 크게 기뻐하지 않는다. 덤덤하다. '아, 잘했네. 그렇지만 조훈현 9단도 했잖아? 서봉수 9단도, 유창혁 9단도 했는데 뭘', 딱 그 정도다.

내가 20회쯤 세계대회 우승을 차지한 뒤로는 세계제패의 가치가 대폭락했다. 이제 한국프로들의 우승은 당연하고 오히려 우승하지 못하면 비난받아야 하는 시대가 돼버렸다. 이세돌, 최철한, 박정상, 박영훈, 강동윤 등 내 뒤로 세계대회 우승을 기록한 후진들은 그런 학습효과의 희생자다. 이걸 미안하다고 해야 하나. 난 감하다.

그런 의미에서 나는 대단한 행운아다. 선생님과 비교할 순 없지만 나도 제6회 농심신라면배 상하이대회에서 그 비슷한 감격을 맛봤으니까. 그 뒤에 있었던 제8회, 제11회 대회의 믿기 어려운 연승 퍼레이드는 모두 그런 응원의 결과였다고 생각한다. 그건, 결코 나 혼자의 힘으로 거둔 성과가 아니었다.

五. 다시, 원점에 서다

무관의 제왕과 백의종군 | 전진한다면 이들처럼 | 직업병의 명암 | 가시고기를 생각하다 | 함께 밥 먹는 여자 | 씹어 먹듯 책을 읽다 | 용기는 조심성으로부터 | 글씨는 쓰는 사람을 닮는다

무관의 제왕과 백의종군

2011년 초, 10차례 우승의 영광을 안았던 국수위를 마지막으로 내놓고 나는 프로기사가 된 이래 22년 만에 무관無冠이 됐다. 입단 3년 만인 1989년 KBS 바둑왕전에서 우승해 세계 최연소로 타이틀 보유자가 된 이후 처음으로 타이틀이 없다. 이제는 모든 것이 '전前'이 됐다. 바둑을 배우기 시작했을 때처럼 빈손이다.

나는 한 인터뷰에서 백의종군白衣從軍의 소감을 이렇게 말했다.

"저는 과거보다 강해졌습니다. 문제는 주변의 상대들이 더 강해졌다는 것입니다."

사람들은 단순한 농담으로 받아들였지만, 이 말은 솔직한 내 생각의 표현이었다.

'무관의 제왕'이라는 호칭이 어색하고 쑥스럽다. 그리고 어느덧 불혹^{不惑}의 나이가 머지않았음을 몸으로 느낀다. 최근 들어 계산이 예전 같지 않고 승부에서 지는 일도 많아지면서 '어떻게 나이 들어야 할까'를 자주 생각하게 된다.

문득, 가까운 사람에게 들은 말이 생각난다. 우리 인생에는 많은 문이 있는데 절대 모든 문이 한꺼번에 닫히거나 한꺼번에 열리는 일은 없다고. 어떤 문이 닫히면 반드시 또 다른 문이 열린다고.

삶의 안팎에 얽힌 여러 변화 때문인지, 나는 새삼 부득탐승^{不得貪勝}이라는 사자성어를 자주 떠올리게 되었다.

최근 몇 년은 특히, 끊임없이 '쉬고 싶다'는 절박감을 느꼈다. 1인자의 자리는 내놓은 지 오래지만, 막상 수중에 타이틀이 하나도 없게 됐다는 사실은 닥치기 전에는 짐작하지 못했던 상실감을 안겨주었다. 그런 상황에서 나를 다잡아준 무의식의 의식이 바로 부득탐승이었다.

세계에서 가장 많이 팔린 책이라는 성경에 '십계명^{十誡命}'이 있듯이 바둑에도 '위기십결^{圍棋十訣}'이 존재한다.

위기십결의 저작자는 중국 당^唐나라 시대의 왕적신^{王積薪}이라는 설과 송^宋나라 시대의 유중보^{劉仲甫}라는 설이 있는데, 두 주장의 근거가 위기십결의 원본이 아닌 후대의 다른 책에 언급된 내용이므로 어느 쪽도 명확하지는 않다.

그러나 작자가 명확하지 않다고 해서 천년의 향기를 담은 위기십결의 품위가 손상되는 것은 아니다. 오히려 위기십결의 내용은, 바둑을 세상에 널리 퍼뜨린 사람들이야말로 그 시대를 이끌어가는 최고의 지식인들이었을 것이라고 믿어도 좋을 만큼 탁월하다.

위기십결은 '바둑을 둘 때 명심해야 할 열 가지 계명'이지만, 그 열 가지의 사자성어가 모두 바둑에 국한되지 않고 동서고금을 막론한 삶의 지혜를 담고 있다는 점에서 장구한 생명력의 존재가치가 뚜렷해진다.

위기십결 圍棋十訣

1. 부득탐승 不得貪勝 : 승리를 탐하면 얻지 못한다
2. 입계의완 入界誼緩 : 경계를 넘어설 때는 느긋하게 하라
3. 공피고아 攻彼顧我 : 공격에 나서기에 앞서 자신을 돌아보라
4. 기자쟁선 棄子爭先 : 돌을 버리더라도 선수 先手를 잡아라
5. 사소취대 捨小取大 : 작은 것을 버리고 큰 것을 취하라
6. 봉위수기 逢危須棄 : 위기가 닥치면 돌을 버려라
7. 신물경속 愼勿輕速 : 경솔하게 서두르지 마라

> 8. 동수상응動須相應 : 행마는 서로 조화를 이루어야 한다
>
> 9. 피강자보彼强自保 : 상대가 강하면 나의 안전을 도모하라
>
> 10. 세고취화勢孤取和 : 형세가 외로울 때는 화평을 취하라

위기십결의 첫째 계명이 부득탐승이다. 문자 그대로 '승리를 탐하면 얻지 못한다'는 뜻이지만 애초에 이 사자성어를 바둑십계명의 첫 번째로 배치한 선각先覺의 고심은 그렇게 단순한 의미에 머물러있지 않다. 나머지 아홉 계명을 모두 아우르는, 우리 삶의 가장 보편적인 지침이라고 할 수 있는 것이다.

여기서 말하는 승勝은 바둑판 위의 승패를 초월해 보다 넓은 의미를 지향한다. 이는 사회 전반에 걸친 모든 분야에서 갈구하는 목표이기도 하다. 그렇게 해석하면 탐승貪勝은 자연스럽게 '목표에 대한 집착'이 되고, 부득탐승도 좁은 바둑판 위의 허상을 벗어던지고 '목표에 집착하면 아무것도 얻지 못한다'는 넓은 인생의 실상을 얻게 되는 것이다.

부득탐승이 모호하고 포괄적인 의미를 함축하고 있는 데 비해 나머지 아홉 가지의 계명은 실천강령으로서 대단히 구체적이고 명료한 의미를 보여준다는 게 위기십결의 묘미다.

나는 어린 시절부터 이러한 사자성어들을 귀에 못이 박이도록 들어왔지만, 거기에 바둑판 위의 계율을 뛰어넘는 인생의 지침이 깃들어있다는 사실을 깨달은 것은 얼마 되지 않은 일이다. 그럴 수밖에 없는 것이, 나는 프로이며, 타이틀 쟁취와 상금 획득이 최고의 미덕인 프로바둑에서 승부 이외의 모호한 관념에 눈을 돌릴 만큼 마음이 여유롭지 않았기 때문이다.

그런 의미에서 바둑은, 아마추어에게 더 지고한 정신의 경지가 허락되는 거의 유일한 게임인 것 같다. 바둑으로 재화의 가치를 추구하는 프로들은 삶의 수단인 상금과 직결되는 승부에서 자유롭지 못하지만, 순수 아마추어들은 얼마든지 승부를 넘어선 더 큰 세계를 상상하고 창조해낼 수 있다.

승부는 바둑으로 보여줄 수 있는 세계의 아주 작은 부분일 뿐인데, 의외로 많은 사람들이 승부가 바둑의 전부인 것처럼 착각한다. 대한바둑협회가 결성되고 대한체육회의 정식가맹단체 진입을 추진하고 있을 때 바둑계에 스포츠와 예술의 논쟁이 벌어진 것도 그런 착각이 빚은 해프닝이다.

한국바둑의 스포츠화는 시대의 트렌드다. 학교수업의 정규과목으로 채택되어야 바둑교실사업에 탄력이 붙고 어린이바둑이 활발해진다. 또 그런 바둑꿈나무 육성은 한국바둑을 대표하는 바둑엘리트 발굴과 직결된다. 포기하거나 부정할 수 없는 확고한 명분이 있다.

그런데 바둑을 스포츠라고 명명한다고 해서 수천 년을 이어 내려온 바둑의 본질이 바뀌는 건 아니다. 오랜 옛날부터 선지자들이 추구해온 바둑의 예도(藝道)는 스포츠바둑의 내면에 고스란히 살아있다. 그리고 그런 바둑의 예도를 즐기는 건 아마추어의 권리다.

나의 할아버지도, 아버지도, 기력이 뛰어난 고수가 아니었으면서도 바둑을 나 이상으로 즐겼다. 그것은 승부로부터 자유로웠기에 가능한 일이었을 것이다. 바둑은 원래 그런 세계이며, 기력에 무관하게, 이기고 지는 결과에 무관하게, 유유자적 바둑의 즐거움을 만끽하는 삶이 바로 부득탐승의 실천이다.

나는 늘 그렇지 않다고 생각해왔는데 실은 줄곧 욕심이 많았던 것 같다. 이를테면 나의 바둑을 보고 싶어 하는 사람들이 나를 필요로 할 때 '이젠 쉬고 싶으니까 나 좀 내버려둬요'라고 생각하는 것도 이기적 집착일 것이다.

바로 얼마전에는 후원사 농심에서 제13회 농심신라면배 와일드카드로 나를 지명했다. 이 대회의 유일무이한 연속출전 기록이 13회로 늘어났다. 기쁘고 감사한 일이다.

그런데 솔직하게 말하면, 이번만큼은 와일드카드 지명을 사양하고 싶었다. 요즘 나의 처지를 생각하면 면구한 일이다. 아무리 이 대회에 기여가 컸다고 해도, 또 와일드카드가 성적순으로 지명하는 것이 아니라 해도, 몇 해째 선발전에서 탈락한 데다 예전처럼 1인자의 위상을 갖추지 못한 상황에서 또 다시 와일드카드를 받는 것은 상당히 부담스럽다. 농심신라면배에 이어 와일드카드로 지명된 제16회 삼성화재배도 마찬가지다.

하지만 그런 내 생각은 나 자신의 마음 편함만을 앞세운 경솔함의 발로임을 깨닫는다. 위기십결 중 신물경속愼勿輕速을 범한 어리석음이다. 다른 누군가에게 미안하고 불편한 마음이 쉽게 사라지지 않더라도 나에게는 내 역할과 그것에 따르는 책임이 있다. 이젠 함께 출전할 후배들이 비난받지 않도록, 또 다시 나를 선택해 준 후원사들에 누가 되지 않도록, 주어진 역할에 최선을 다하는 것으로 진심을 보일 수밖에 없다.

위기십결에는 '버리라'는 사자성어가 셋이나 된다. 기자쟁선棄子爭先, 사소취대捨小取大, 봉위수기逢危須棄. '버림'을 이토록이나 강조하는 것은, 자연의 섭리가 끊임없이 비우고 새롭게 채우기를 반복하는 것인데 대다수의 사람들이 끊임없이 채우기만을 바라기 때문이다.

어떤 그릇이든 비워져야 채울 수 있다는 이치는 어린아이도 안다. 많은 사람들의 실패는, 그 이치를 몰라서가 아니라 알고도 외면하려는 욕심으로부터 비롯된다.

위기십결의 관점에서 보면, 지금의 백의종군 상황은 전화위복이다. 무거운 짐을 내려놓은 듯 꽤나 홀가분하기도 하고, 다시 원점으로 돌아가 시작할 수 있다는 점에서 강한 승부욕을 불러일으키기도 한다. 승패도 중요하지만 승부 자체를, 바둑을 제대로 즐기고도 싶은 것이다.

영원한 성공은 없다. 상황이 극에 달하면 결국 변화하니, 그 변화에 맞서지 말아야 한다. 나아가고 물러날 때를 확실히 알아야 하고, 스스로 제어할 수 없는 형세를 거스르지 말아야 한다. 하지만 지금은 단지 멈추거나 물러날 때가 아니다. 나는 더 나아가고, 더 깊어져야 한다.

전진한다면 이들처럼

바둑의 세계에는 "사십대의 명인이 진짜 명인"이란 말이 있다. 그럼 나는 어떤 사십대 기사가 되고 싶은가. 본받고 따라야 할 두 분의 롤모델이 있다. 나의 선생님 조훈현 9단, 그리고 조치훈 9단.

내가 선생님을 존경하는 이유는 단순히 나의 스승이기 때문이거나 '최고의 승부사' 이기 때문이 아니다. 나는, 견디기 어려운 시련이 닥쳤을 때 좌절하지 않고 최선의 길을 찾아 애초 가슴에 품었던 꿈보다 더 큰 성공을 이룬 선생님의 집념과 열정을 존경한다.

선생님은 현대바둑의 메이저무대였던 일본에서 최고의 프로가

영원한 성공은 없다.

상황이 극에 달하면 결국 변화하니,

그 변화에 맞서지 말아야 한다.

나아가고 물러날 때를 확실히 알아야 하고,

스스로 제어할 수 없는 형세를 거스르지 말아야 한다.

하지만 지금은 단지 멈추거나 물러날 때가 아니다.

나는 더 나아가고, 더 깊어져야 한다.

되고 싶어 했다. 그리고 그 꿈은 멀리 있지 않았다. 당대의 청년기사들이 가장 존경하는 감각파의 거장 고(故) 후지사와 슈코 9단도 "조훈현의 재능이 세계최고"라며 엄지를 세울 정도였다.

일본기원 입단의 관문을 통과한 선생님은 후지사와 선생의 장담대로 누구보다 빠른 속도로 원대한 꿈을 향해 날아올랐다. 훗날 일본바둑 천하를 양분한 고바야시 고이치 9단, 조치훈 9단보다 앞서나가고 있었다.

그런데 미처 생각지 못한 병역의 의무가 선생님의 발목을 잡았다. 스승 세고에 겐사쿠 9단이 선생님의 일본체류를 위해 백방으로 노력했으나 현실은 냉정했다. 비슷한 시기에 일본으로 건너가 기타니 도장에 입문한 조치훈 9단이 입대연령이 되었을 때 병역 특혜를 받고 계속 일본에서 활동할 수 있었던 사실과는 너무나 대조적인 불운이었다.

선생님에게 닥친 시련은 병역뿐이 아니었다. 귀국하자마자 기울어진 가세를 일으켜야 할 가장의 책무까지 떠안아야 했다. 보통 사람이라면 이쯤에서 좌절과 방황으로 많은 시간을 허비하기 쉬운데 선생님은 달랐다. 특유의 밝은 성품으로 빠르게 모든 고난을 극복했다. 천재의 '속력행마'는 일상에서도 그대로 통용됐다.

메이저무대에서 인정받은 선생님의 가능성은 한국무대에서 대폭발을 일으켰다. 병역을 마치기가 무섭게 타이틀을 휩쓸기 시작했고 귀국 10년 만에 모든 기전을 제패하며 당대의 1인자로 뛰어올랐다.

선생님의 귀국은 개인의 불운이었을지는 몰라도 한국바둑계에는 분명한 축복이었다. 당시 일본과 한국의 바둑계는, 우열반과 같은 확연한 격차가 있었다. 한국의 명인 보유자였던 서봉수 9단이 선생님에게 정선定先❶으로 내기바둑을 둘 정도였으니 메이저무대에서 갈고 닦은 선생님의 바둑은 한국바둑계를 살찌우는 영양제나 다름없었을 것이다.

선생님은 1989년 응씨배 우승으로 변두리 취급을 받던 한국바둑을 일본, 중국의 어깨 위로 끌어올리며 대망을 실현했다. 선생님의 타이틀 획득 158회의 기록이나 세 차례의 전관제패 기록은 누구도 범접하지 못할 불멸의 금자탑이다.

하지만 기록적인 위업 달성이 선생님이 후학들로부터 존경받는 이유의 전부는 아니다. 변화에 대한 유연성, 한번 결심하면 반드시 실천에 옮기는 실행력은 보통사람들이 감히 따르기 어려운 경지다. 무려 24년간이나 하루에 3~5갑씩, 3만 갑 이상 피운 담배를 단번에 끊어버리고 등산 등을 통해 체력을 보강해 세계제패를 향해 비상하던 그 결단의 순간을 나는 쉬 잊을 수 없다. 과도기를

---

❶ 바둑에서, 상대편과 수의 차이가 있어 한쪽이 늘 흑(黑)을 가지고 먼저 두는 일. 전문기사에서는 2단, 아마추어에서는 1급의 차에 상당한다.

잘 활용하면 위대한 창조의 순간으로 바꿀 수 있음을 보여준 집념 이야말로 선생님이 한국바둑의 '영원한 국수'가 된 까닭이다.

2011년 현재, 바둑으로 다다를 수 있는 모든 영광을 이룬 선생님은 여전히 청춘이다. 농심신라면배 결승까지 치고 올라서며 젊은 프로들의 분발을 독려하는가 하면, 기업의 바둑후원 유치와 지역의 보급행사까지 동분서주 활동무대를 넓혀가고 있다.

젊은 시절 선생님의 얼굴은 홍콩느와르의 액션스타 같았다. 날카로운 검미劍眉, 빠른 하관이 주는 강렬한 이미지가 매력만점이었는데, 나는 요즘 선생님의 얼굴이 더 보기 좋다.

급경사를 이루던 하관은 둥글게 살집이 붙어 여유가 넘치고, 자연스럽게 물결치는 흰머리는 일부러 컬러코팅이라도 한 것처럼 멋들어진다.

나도 선생님처럼 멋진 중년이 될 수 있을까. 그랬으면 좋겠다.

그리고 선생님의 이름을 언급하면 거의 함께 거론되는 분이 조치훈 9단이다. 방향은 좀 다르지만 한국바둑계에 끼친 두 분의 절대적인 영향력은 꼭 같다.

일본유학 도중 귀국한 선생님이 한국의 모든 기전을 제패하고 응씨배 우승을 차지하며 한국바둑을 일본, 중국과 대등한 위치로 끌어올리는 데 절대적인 역할을 했다면 조치훈 9단은 메이저무대였던 일본에서 최고의 타이틀을 석권하며 한국인의 가슴을 뒤흔

들어놓았고 바둑 붐을 일으키는 데 절대적으로 기여했다.

　조치훈 9단에게도 선생님 못지않은 집념과 열정이 있지만 두 분은 상당히 대조적이다. 선생님이 한국에서 이룬 업적이나 관련된 일화를 보면 '철혈鐵血'이라는 단어가 절로 떠오르는데, 조치훈 9단이 일본에서 이룬 업적과 일화를 보면 '열혈熱血'의 느낌이 선명하고 드라마틱하다.

　얼마전 재미있는 해외기사가 눈에 띄었다. 대삼관 도전무대 출전에 관련된 여러 기록을 다룬 기사였다.

　일본바둑계에서 대삼관이 갖는 의미는 각별하다. 공식 7대 기전 중에서도 대삼관의 우승상금액수는 4~7위 타이틀전의 우승상금액수보다 압도적으로 크다. 그밖에도 이틀에 걸쳐 두는 전통의식을 고수해 품격과 권위에서도 여타 기전과 그 위상이 다르다.

　다시 말해 일본의 대삼관에 가장 많이 출전한 기사는 사실상 역대 일본바둑의 최강자임을 의미한다는 얘기인데, 그 주인공이 바로 조치훈 9단이다.

　조치훈 9단은 3대 타이틀 도전무대에 총 38회 출전해 29승 9패의 놀라운 기록을 수립했다. 서열 1위 기성전 도전무대에 11회 출전해 8승 3패, 서열 2위 명인전 도전무대에 12회 출전해 9승 3패, 서열 3위 본인방전 도전무대에는 14회 출전해 12승 2패라는 믿기 어려운 승률을 보였다.

조 9단의 기록이 얼마나 대단한 것인가는 그 뒤를 이은 2, 3위 기록을 보면 금세 알게 된다. 2위 린하이펑 9단(30회 출전), 3위 고바야시 고이치 9단(25회 출전).

조치훈 9단은 현재 통산 타이틀 획득수에서도 총 71회로 일본 바둑 사상 최다 타이틀 획득 기록을 보유하고 있는데, 이 중에서 29회가 대삼관 획득이다. 조 9단의 드라마틱한 승부사勝負史는 '3연패 후 4연승'이라는 대역전 드라마에서 절정을 이룬다.

일본 프로바둑사에서 '3연패 후 4연승'의 대기록은 모두 여섯 번이 기록됐는데 그 중에서 네 번이 조치훈 9단과 관련이 있다. 세 번은 승자의 입장이고 한 번은 패자의 입장이다. 기록을 간략하게 정리해보면 다음과 같다.

1. 1973년 요미우리신문 주최 제12기 (구)명인전

린하이펑 9단 [4 대 3] 이시다 요시오 7단

'컴퓨터'라는 별명을 가진 이시다 7단의 기세에 밀려 3연패를 당했던 린하이펑 9단이 스승 우칭위엔 9단으로부터 '평상심平常心'이라는 휘호를 받은 뒤 대반격에 나서 4연승을 거두며 일본 프로바둑 사상 최초의 '3연패 후 4연승'을 기록했다.

2. 1983년 요미우리신문 주최 제7기 기성전

조치훈 9단 [4 대 3] 후지사와 슈코 9단

당시, 도전기가 펼쳐지기 전 조치훈 9단의 기세는 이미 명인, 본인방 타이틀을 수중에 넣는 등 하늘 높이 뜬 태양과 같았고 처절한 금단증상을 이겨내며 6년째 서열 1위 기성을 지켜온 후지사와 슈코 9단은 서산에 지는 해였다.

그런데 타이틀 방어가 힘들 것이라는 전망 속에 전개된 도전기는 후지사와 선생의 초반 3연승으로 흘러갔다. 모든 사람들이 그것으로 후지사와 선생의 7연패가 이루어졌다고 생각했다.

그러나 드라마는 그때부터 시작이었다. 이후 조치훈 9단은 이전의 1~3국과는 전혀 다른 면모를 보이며 3연승을 거두면서 동률을 이루었고 결국 최종국에서 승리, '3연패 후 4연승'의 대역전 드라마로써 전대미문의 '대삼관 통합'을 기록했다.

3. 1983년 마이니치신문 주최 제38기 본인방전

린하이펑 9단 [4 대 3] 조치훈 9단

같은 해 여름 린하이펑 9단이 10년 만에 '3연패 후 4연승'이라는 대기록을 재현하며 서열 3위 본인방에 복귀했는데 공교롭게도 그 상대가 연초 '3연패 후 4연승'으로 기성을 쟁취한 조치훈 9단이었다.

4. 1984년 아사히신문 주최 제9기 명인전

조치훈 9단 [4 대 3] 오다케 히데오 9단

이미 명인 타이틀 4기 연속 제패를 이룬 조치훈 9단이 또 한 번 '3연패 후 4연승'을 기록했는데 3년 연속 명인전 도전무대에 오른 동문의 대사형 오다케 히데오 9단이 불운의 주인공이 됐다. 조치훈 9단은 2년 사이에 무려 세 차례나 대역전 드라마에 출연하며 '대역전의 사나이'라는 별명을 얻었다.

5. 1992년 마이니치신문 주최 제47기 본인방전

조치훈 9단 [4 대 3] 고바야시 고이치 9단

일본바둑사의 한 페이지를 장식할 '3년 전쟁'의 마지막 승부였다. 3기 연속 제패를 기록 중이던 조치훈 9단은 3년 연속 도전해온 고바야시 고이치 9단을 상대로 '3연패 후 4연승'을 거두었다. 주목할 만한 사실은, 조치훈 9단이 앞선 제45, 46기 본인방전에서도 1승 3패, 0승 2패로 끌려가다가 3연승, 4연승을 거두며 타이틀 방어에 성공하는 불굴의 의지를 보여주었다는 것이다.

6. 2008년 마이니치신문 주최 제63기 본인방전

하네 나오키 9단 [4 대 3] 다카오 신지 9단

동갑내기 라이벌전으로 주목받은 '불의 제전(한여름에 진행되

> 는 본인방 타이틀전을 의미)'에서 도전자 하네 나오키 9단이 타이틀 보유자 다카오 신지 9단을 상대로 '3연패 후 4연승'으로 생애 첫 본인방 타이틀을 획득했다. 16년 만에 탄생한 대역전 드라마였다.

현대바둑의 형식을 취한 일본 최초의 프로기전은 1941년에 탄생한 본인방전. 그 70년 동안 여섯 번 등장한 '3연패 후 4연승'은 거의 12년을 주기로 한 번씩 볼 수 있는 희귀한 드라마인 셈이다. 그렇게 진기한 대역전 드라마에 혼자서 네 번씩이나 출연했으니 역시 '지상에서 가장 드라마틱한 승부사'라는 별명은 조치훈 9단의 것이 될 수밖에 없을 것 같다.

조치훈 9단은, 선생님과는 전혀 다른 방식으로 청춘을, 바둑사랑을 노래한다. 대국이 없는 날, 필드에 나가지 않는 날이면 어김없이 일본기원 인터넷 바둑사이트의 대국실 '유겐노마'에 나타난다.

접속하는 ID는 다양하지만 바둑 내용을 보면 금방 조치훈 9단임을 알 수 있다. 프로급의 강자라면 상대가 누구든 가리지 않는데 하나같이 불처럼 뜨겁다. 그 치열한 반상의 이야기는 오직 바둑 외길을 걸어온 승부사가 아니면 쓸 수 없는 것이다.

물론 심장이 저릿저릿한 전율의 승부를 펼쳐내는 것만이 내가 조치훈 9단을 존경하는 이유는 아니다. 내가 입단한 해인 1986년 벽두, 우리 세대 바둑키드들의 영웅 조치훈 9단에게 일어난 불행한 사고는 내게 평생 잊지 못할 강렬한 기억을 심어주었다.

1월 6일 밤, 조 9단은 기성 방어전을 10일 앞두고 치명적인 교통사고를 당했다. 한밤중에 차를 몰고 집 앞 골목길을 나서다가 오토바이와 경미한 접촉사고가 일어나 차문을 열고 내려선 것이 발단이었다. 진짜 사고는 그 다음, 눈 깜빡할 사이에 일어났다.

오토바이와 함께 쓰러진 사람을 부축하기 위해 길로 나온 조 9단은 뒤를 돌아볼 틈도 없이 튕겨져나갔고 그대로 의식을 잃었다. 지나가던 왜건 한 대가 차에서 막 내려서던 조 9단을 그대로 치고 달아난 것이다.

조치훈 9단이 눈을 뜬 곳은 기타시나가와北品川 병원 침대 위였다. 전치 12주의 진단. 7일 오전 0시에 병원으로 옮겨져 8일 오전 9시에 수술실로 들어갔다. 9일 오전 0시 30분까지 이어져 15시간 30분이나 걸린 대수술이었다.

의사는 목숨을 건진 것만도 기적이라고 했다. 주치의는 대국을 포기하라고 권유했으나 조 9단은 머리와 오른팔과 두 눈만은 다치지 않은 것을 신성한 '계시'로 받아들여 끝까지 기성 방어전을 고집했다.

대국날짜는 1월 16일. 연기는 없었다. "교통사고는 천재지변이 아니므로 연기는 불가하다"는 게 일본기원의 통보였다.

사고를 당하기 전까지, 조치훈 9단은 누구나 알아주는 만능 스포츠맨이었다. 테니스와 수영은 기본이고 일본기원 야구팀의 에이스이기도 했다. 그 타고난 체력이, 뼈마디가 부서져 만신창이가 된 몸을 일으켜 "기성전만큼은 두고 싶다"는 조 9단의 처절한 의지를 지탱시켰다.

1월 15일 아침 하네다羽根田 공항에 앰뷸런스 한 대가 도착했다. 활주로에는 요미우리신문사의 특별기가 대기하고 있었고 조치훈 9단은 침상에 누운 채 비행기로 옮겨졌다. 맏형 조상연 5단, 부인 교코京子 씨, 의료진, 대국관계자, 취재진이 차례로 탑승했고 비행기는 도야마富山를 향해 날아올랐다.

이튿날, 전통방식대로 다다미를 깔지 않고 탁자 위에 바둑판을 올려 특별 세팅한 대국실로 휠체어 한 대가 미끄러져 들어왔다. 그 위에 입고 벗기 편한 검은색 화복을 입은 조치훈 9단이 왼팔에 깁스를 한 채 앉아있었다.

두터운 담요가 덮여진 두 다리도 깁스상태였다. 오른쪽 정강이가 골절돼 밖으로 튀어나가고 왼쪽 무릎인대가 끊어지는 중상이었으니 당연했다. 왼쪽 손목도 부러져 깁스상태.

"바둑을 두는 데 필요한 머리와 오른팔만 빼놓고는 모조리 망가진 상태였다"는 발표는 추호도 과장이 없었다. 조치훈 9단의 얼굴은 창백하고 초췌했으나 표정은 어둡지 않았다. 그 앞 의자에 도전자 고바야시 고이치가 숙연한 표정으로 앉았다.

돌을 가려 조치훈 9단의 흑. 휠체어 위에서 기우뚱 쓰러지듯 오른손을 내밀어 첫 착수가 놓였고 사방에서 카메라 플래시가 터졌다. 전대미문의 휠체어대국, 바로 그 장면이다. 결과는 잘 알려진 대로 조 9단은 2승 4패로 기성을 잃고 1인자에서 무관으로 추락했다.

그러나 이 장엄한 시리즈의 진정한 승자는 조치훈 9단이었다. 영웅 만들기에 능숙한 영화나 소설, 만화라면 만신창이가 된 몸을 이끌고 나타난 조 9단이 승리를 거둬 기성 타이틀을 방어하는 최후의 승자가 되어야겠지만 현실은 그보다 훨씬 인간적인 결말이 됐다.

그리고 그것은 많은 사람들의 뇌리에 조치훈 9단을 가장 드라마틱한 승부사로 각인시켜주었다. 훗날, 조 9단의 맏형 조상연 5단이 들려준 뒷이야기 하나는 그에게 더 큰 인간미를 안겨준다.

"교통사고 당시 신문, 방송에 보도된 '바둑판 앞에서 쓰러지는 한이 있어도 나는 싸우고 싶다'는 치훈이의 말은 사실과 달라. 그건, 언론의 포장이지. 의식을 되찾은 후 치훈이는 '과연 나는 앞으로도 바둑을 둘 수 있을 것인가. 혹시 이대로 기사인생이 끝나버리는 것은 아닌가' 하는 불안감에 사로잡혀있었어. 만신창이가 된 육체의 고통을 무릅쓰고 기성전을 강행한 이유는 그런 것들을 한시라도 빨리 확인하지 않고는 견딜 수가 없었기 때문이야."

관계자들의 만류에 눈물을 뿌리며 기성전 강행의 간절한 의지를 보인 것은 맞지만 그것은 '영웅의 투혼'이 아니라 불안한 미래를 서둘러 확인하고 싶은 지극히 인간적인 마음이었다는 것이다.

여섯 살에 일본으로 건너가 일평생 바둑만을 알고 살아온 사람이 어느 날 갑자기 바둑을 둘 수 없게 된다면 어떻게 살아야 할까. 그런 절박한 심정에 영웅적 투혼 따위는 끼어들 여지가 없었다. 조치훈 9단은 그가 할 수 있는 가장 인간적인 방법으로 불안하게 흔들리는 자신의 존재를 확인하고 싶었던 것이다.

조 9단의 이 같은 일화는 절박함도 승부의 강력한 에너지가 될 수 있다는 것을 나에게 여실히 보여주었다.

나는 슬럼프에 빠졌을 때나 최악의 상황에 몰렸을 때 조치훈 9단의 휠체어대국을 생각한다. 전치 12주의 중상을 입고도 바둑판 앞에 앉을 수 있는 의지라면 해내지 못할 일이 무엇인가.

직업병의 명암

조금씩 지끈거리던 편두통이 심해졌다. 침대에 쓰러져 눈을 감으며 다짐한다. 같은 실수는 반복하지 않겠다고. 겸허하게 나를 낮추고 상대를 인정하겠다고. 문득 전깃줄을 스치는 바람소리 같은 이명耳鳴이 울리다가 의식이 끊어졌다.

냉혹한 승부의 세계는 내게 기쁨의 전율을 주기도 했지만 쓰라린 고통도 함께 주었다. 나는 이미 몇 해 전부터 무엇인가에 깊이 몰입하면 머리 위로 열이 오르는 '상기증上氣症'에 시달리고 있었다. 문자 그대로 기氣가 머리 위로 솟구치는 현상이다. 얼굴이 붉게 달아오르고 머리 한쪽을 막대기로 쿡쿡 쥐어박는 것 같은 심한 편두통도 동반된다. 극심하면 의식을 잃기도 한다. '무슨 일이 있어도 져서는 안 된다'고 생각하는 큰 승부를 치르는 날에는 온몸이 물먹은 솜처럼 무겁고 실신지경에 이르기도 했다.

체력이 좋고 생각이 단순한 어린 시절에는 일상생활에 별 지장이 없으니 아예 관심도 없었다. 나이가 좀 들어서는 대국이 많다 보니 몸의 상태가 나빠져서 그러려니 했는데 날이 갈수록 두통이 심해졌다. 누군가 그 처치관리법을 물었는데, 이렇게 대답할 수밖에 없었다.

"누구나 직업병이라는 게 있잖아요."

원하지 않은 일이지만 많은 분들이 내 증상을 알게 됐고 그때부터 더 많은 분들의 관심과 배려가 따랐다. 그러나 양방이든 한방이든 아직 확실한 치유방법은 발견하지 못했다. 물론 그렇게 된 데에는 치료에 관심을 가져준 많은 분들의 처방에 대한 내 불성실의 책임이 크다는 것을 안다. 나는 처방약을 꼬박꼬박 챙겨먹거나 매일 시간에 맞춰 치료를 받으러 다니는 일에는 아주 젬병이다. 그러니 누구 탓을 하랴.

생각해보니 어떤 직업을 가진 사람이든 다 그 직업에 관련된 고통이 따라다니는 것 같다. 그걸 전부 병病이라고 해야 할지는 모르겠지만 그래서 많은 사람들이 '직업병'이라는 말을 입에 달고 사나 보다.

온종일 사무실 컴퓨터 앞에 앉아 자판을 두드리는 사람들은 시력이 떨어지고 손목신경에 이상이 생기기 쉽다. 또 생산공장에서 근무시간 내내 서있어야 하는 사람들이나 택시의 좁은 좌석에 앉아 액셀러레이터나 브레이크를 쉴 새 없이 밟아야 하는 기사들은 허리나 무릎관절이 좋을 리가 없다. 무수한 직업의 무수한 사람들이 다 그러하다.

그러니 제한된 시간 안에 머리를 가장 많이 혹사시키는 직업으로는 첫손가락에 꼽아야 할 프로기사에게 두통이란 일종의 직업병 같은 것이고 나의 두통 역시 그렇게 생각하면 되지 않을까 싶다.

대국 때마다 찾아오는 두통이 고통스럽지 않은 건 아니지만 피할 수 없는 고통이라고 해서 좌절하거나 비관할 이유도 없다. 인정할 것은 인정하고, 발전적인 방향으로 생각을 전환해야 한다. 모든 사람들이 그렇듯 '아니, 머리를 그렇게 많이 쓰는데 아픈 게 당연하잖아' 라고 생각하면, 신기하게도 고통이 완화된다.

그리고 당장 숨이 끊어지는 것만 아니라면 병이 꼭 나쁜 것만도 아니다. 병은 사람들로 하여금 휴식을 취하게 하고, 그렇게 만들어진 시간의 여유는 마음의 여유로 이어진다. 병상의 환자들이 평소보다 많이 너그러워지는 건 아마 그 때문일 것이다.

또한 병은 겸손을 가르친다. 사람들은 병상에 누워 제 손으로는 아무것도 하지 못하고 타인의 간호를 받을 때 비로소 깨닫는다. 천하에 독불장군은 없다. 제아무리 똑똑해도 모든 일을 혼자 다 해내는 사람은 없다. 세상은 더불어 살아가는 것이다.

항상 겸손하게 자신을 낮추고 세상을 따뜻하게 바라보는 긍정의 눈, 그 마음이야말로 잠재된 인간의 가치를 최상으로 이끌어주는 진정한 힘이라는 것을 나는 바둑계의 많은 선배기사들로부터 배울 수 있었다.

재기발랄한 신세대들의 도전이 갖는 열정과 패기, 에너지는 대단한 것이다. 다만 선행자와 동행자들에 대한 우러나는 존중을 잊어서는 안 될 것이다.

나도 이제 기성세대가 되어 잔소리를 입에 담을 나이가 된 것일까 싶기도 하다. 그럼에도 확신을 갖고 말할 수 있는 것은, 겸손과 자존심은 대립하는 개념이 아니라는 점이다. 꺾이지 않는 단단한 자존심을 가진 사람만이 겸손할 수 있다고, 나는 생각한다.

나는 이 직업병의 대가로 얻은 게 너무 많다. 영원히 누릴 수는 없지만 '세계최고'라는 영예를 안기도 했고 평생 넉넉하게 쓰고도 남을 재산도 얻었다. 또 수많은 바둑팬들로부터 아낌없는 사랑을 받았고 세상에서 오직 나만을 바라봐줄 일생의 반려도 만났다. 그러니 이제는 아파도 아프지 않다. 나의 직업병은 아주 심술궂지만 도무지 버릴 수 없는 연인과 같다. 고통을 관조하는 법, 아니 겸허히 고통과 친해지는 법을 안다면 극복 못할 병이란 없다고 생각한다.

가시고기를 생각하다

나를 바둑의 세계로 처음 이끌어준 분은 돌아가신 할아버지였지만, 이후 오랜 세월 물심양면으로 뒷바라지를 해준 분은 바로 아버지였다.

아버지를 떠올리면 '가시고기'[•]라는 말이 떠오른다. 아버지는

[•] 수컷 가시고기는 알들이 부화될 때까지 홀로 지키다가, 어린 자식들이 모두 떠나면 돌에 머리를 박고 죽는다고 전해진다. 자식을 위해 모든 것을 희생하는 아버지를 상징함.

항상 겸손하게 자신을 낮추고
세상을 따뜻하게 바라보는 긍정의 눈,
그 마음이야말로 잠재된 인간의 가치를
최상으로 이끌어주는 진정한 힘이다.
겸손과 자존심은 대립하는 개념이 아니다.
꺾이지 않는 단단한 자존심을 가진 사람만이 겸손할 수 있다.

기력이 쇠한 할아버지로부터 어떤 소명을 물려받은 것 같았다. 언젠가부터 아버지는 내 곁에 없는 듯 존재하는 그림자처럼 행동했다. 입단에 실패했을 때도, 큰 승부에서 패배해 좌절할 때도, 언제나 따뜻하게 감싸안아주었다.

전주의 집에서 이부자리를 펴놓고 함께 씨름을 하던 아버지, 동생 영호와 나의 손을 붙들고 전자오락실을 드나들던 친구 같은 아버지의 다정한 위로와 격려가 없었다면 나는 프로기사의 험난한 길을 걷지 못했을지도 모른다.

관철동(홍익동으로 옮기기 전 한국기원의 소재지)의 바둑관계자들은 한때 갓 입단한 내가 바둑을 둘 때마다 그림자처럼 나타나는 아버지를 두고 "세상에서 가장 행복한 사나이"라고 말했다.

전주에서 알부자로 소문난 '이시계점'의 주인이니 집안 걱정할 필요가 없고, 바둑도 어느 정도 알고 있으니(당시 3급으로 알려졌으나 실제론 그보다 조금 약하다) 아들이 바둑 두는 걸 구경하기도 지겹지 않다. 또 기다리다 지루하면 근처 사우나에서 몸을 풀고 대국이 끝나면 아들을 데리고 돌아가는, 어찌 보면 유유자적한 아버지의 일상이 부러웠던 것인지도 모른다.

그러나 나는 아버지의 그런 역할이 결코 행복한 것만은 아니었다는 사실을 잘 안다. 아버지는 다정다감한 성격이지만 외향적이지 못해서 낯선 사람들이 많은 곳에 드나드는 일이 보통사람들의 상상보다 훨씬 괴로웠을 것이다.

게다가 상대방은 당신이 '이창호의 아버지'라는 것을 알고 인사를 건네는데 정작 당신은 상대방을 모른다. 프로일까 기자일까, 엉겁결에 따라 웃으면서 인사를 건네지만 영 어색하다. 쉽게 적응이 되지 않는다.

또 아들의 대국을 즐겁게 구경한다는 말도 사실과 다르다. 당시는 인터넷 중계도 없었고 바둑TV도 존재하지 않을 때였다. 오로지 타이틀전일 때만, 그것도 대국실에서 간간이, 기록계가 적은 기보용지를 통해 기사실의 프로들이 검토하는 모습을 한쪽 구석에서 조용히 앉아 지켜볼 뿐인데 그런 구경이 재미있을 리가 없다.

재미있다기보다는 애타는 심정에 그저 그 자리를 떠날 수 없으니까 지켜보기라도 한 것이라는 말이 맞을 것이다. 어렸을 때의 나는, 그런 일들이 모두 당연한 것인 줄만 알았다. 할아버지니까, 또 아버지니까, 그렇게 해야 하는 것이라고 생각했다.

나는, 아버지가 뇌출혈로 쓰러지기 전에 그런 이면의 진실을 깨달아야 했다. 후회는 아무리 빨라도 늦다. 병상에 누운 아버지를 볼 때마다 마음이 쓰라렸다. 그나마 어느 정도 회복돼 거동이라도 할 수 있게 된 일이 불행 중 다행이라고 해야겠지만, 그래도 아버지의 야윈 얼굴을 보면 항상 가슴이 저리다.

한국사람들은 감정표현에 인색하다고 한다. 나 역시 그런 것 같다. 진작, 아버지에게 진심을 담은 말 한마디를 건넬 수 있었다면 얼마나 좋았을까. 말하지 않아도 그냥 다 알고 있으려니 하다가 후회만 남기게 된 것 같다.

더 큰 후회가 생기기 전에 지면으로나마 전하고 싶다. 아버지, 고맙습니다. 사랑합니다. 좀더 건강해져 오래도록 제 곁에 있어주세요.

그리고 누구보다 강한 나의 어머니. 어머니는 아버지가 쓰러졌을 때 가장 힘들었을 텐데도 의연하게 우리 삼형제의 마음을 먼저 다잡아주었다. 아버지의 병환은 가족의 우환이지만 그 때문에 전주와 서울로 흩어져 살던 가족이 서울에 함께 모여서 살게 됐다는, 좋은 일도 있다.

기뻐해야 할 결혼식에서 나도 모르게 눈물을 흘린 이유는 야윈 아버지의 얼굴을 보는 순간 만감이 교차했기 때문일 것이다. 이런 저런 사정으로 동료, 선후배 프로들과 가까운 분들을 초대하지 못해 송구스러웠는데, 이때만은 부끄러운 모습을 보여주지 않아 다행이라고 생각했다.

함께 밥 먹는 여자

쑥스럽지만 잠시 나의 영원한 반려인 아내 이야기를 해야 할 것 같다.

어쩌면 우리가 처음 만난 장소는 한국기원이었을지도 모르겠다. 아니, 틀림없다. 아내는 2008년 봄 명지대 바둑학과 4학년 때 인터넷 바둑사이트 사이버오로에 입사한 새내기 기자로 취재 때문에 자주 한국기원을 드나들었고, 나야 해외 원정이나 지역의 초청행사가 아니면 거의 한국기원에서 대국을 했으니 그랬을 거라고 생각한다.

우리가 서로를 이성으로 뚜렷하게 의식하고 만난 건 2008년 9월 제13회 삼성화재배 개막식 행사가 열렸던 대전 삼성화재 유성연수원에서였다.

그때 나는 김영삼 8단과 연수원 숙소 밖에서 이런저런 이야기를 나누고 있었는데, 형이 우연히 지나가던 그녀를 발견하고 별명을 불렀던 것으로 기억한다.

"덜렁아, 어디 가니?"

그때까지만 해도 나는 그녀가 연구생 출신인 줄도 몰랐고 사이버오로의 기자라는 사실도 몰랐다. 그녀는 나비처럼 팔랑거리며 우리 곁으로 다가왔다. 첫눈에 반한 건 아니지만 밝고 신선한 느낌이었다.

첫인상은 '명랑소녀'였다. 영삼이 형은 그녀가 어렸을 때 바둑을 가르친 사제지간이나 다름이 없어서 그런지 몇 마디 나누지 않앉지만 대화가 꽤 자연스러웠다. 그녀는 나보다 한 살 많은 영삼이 형하고는 큰오빠와 막내여동생 같은 느낌으로 이야기를 나누는 것 같았는데, 나에게는 '국수님'이라는 깍듯한 호칭으로 마치 엄한 선생님처럼 대했다.

나를 굉장히 어려워하면서도 먼저 말을 건네준 걸 보면 붙임성이 좋은 성격인 것 같았다. 나는 남자고 여자고 간에 먼저 다른 사람에게 선뜻 다가서질 못한다.

그녀의 제안으로 연수원 안에 있는 헬스클럽에서 함께 운동을 하면서 어색함이 많이 사라졌고, 행사를 마친 뒤 서울로 올라가면서 영삼이 형의 차를 함께 탔을 때는 오래전부터 알았던 사람처럼 편안해졌다.

인연이란 그런 것인가. 누군가가 그렇게 빨리 익숙해지기는 처음이었다. 그 뒤로도 내가 워낙 소극적인 성격이라 큰 진전은 없었지만 아주 조금씩 더 가까워진 것만은 분명하다.

그녀는 10월 3일 태백산 천제단 대국에도 취재하러 내려왔는데 체력이 약해 다른 사람들 뒤로 처진 나와 걸음을 맞춰 천천히 산에 올랐다. 그렇게 느린 동행이 정말 즐겁다는 그녀의 표정은 내 마음까지 편안하게 해주었다.

그 뒤로 우리는 조금 더 자주 만나는 사이가 됐다. 그때부터인 것 같다. 깍듯하게 '이 국수님'이라고 부르던 그녀가 어느 날 갑자기 '오빠'라고 불렀다. 처음 듣는 호칭도 아닌데 기분이 묘했다. 머리부터 발끝까지 전류가 관통하는 듯했다.

나는 상기증과 편두통 때문에 술을 거의 끊다시피 했고 그녀도 술을 좋아하지 않아서 데이트 장소는 주로 식당이나 영화관이었다.

여자친구를 기쁘게 해주는 '이벤트'를 잘 모르는 재미없는 남자인데도 그녀는 영화를 보든 연극을 보든 밥을 먹든 산책을 하든 나와 함께 있다는 사실 하나만으로 즐거워했다. 나는 표현한 적은 한 번도 없지만 그녀의 배려가 늘 고마웠다.

특이한 건 그녀와 함께 볼 수 있는 영화가 매우 제한적이라는 것이다. 그녀는 잔혹한 장면을 보면 가슴이 두근거리고 호흡곤란을 일으키는 특이체질이다. 사람들이 무참하게 죽는 장면이 실감나는 전쟁, 공포, 스릴러, 액션영화는 무조건 관람금지다.

한번은 직장에서 단체로 영화를 보러 갔는데 그런 영화 못 본다고 말도 못하고 따라갔다가 시작하자마자 혼자 슬그머니 밖으로 나와 영화가 끝날 때까지 멍하니 혼자 앉아있었다고 한다.

연애 초기라고 할 수 있는 그해 11월, 우리를 아주 난처하게 만든 사건이 터졌다. 실은, 어느 정도 예상한 일이기도 했다.

농심신라면배 2라운드에 참석하기 위해 부산으로 내려갔는데 농심호텔에서 마주친 경향신문의 엄민용 기자가 "저녁에 시간이 괜찮으면 오붓하게 회나 먹자"고 해서 손종수 위원(농심신라면배 관전필자)과 셋이 택시를 타고 태종대까지 나갔다. 호텔 근처에도 횟집이 많고 자갈치시장도 있는데 컴컴해서 볼 것도 없는 저녁에 태종대까지 왜 가자는 것인지, 뭔가 이상한 낌새가 들었다.

아무튼 우리는 아무것도 보이지 않는 태종대 바닷가 언덕 위 횟집에서 싱싱한 돔, 광어, 우럭을 섞은 모둠회와 전복을 먹었는데, 전복죽을 먹을 때 엄 기자가 기습적으로 요청해왔다.

"이 국수, 나 그거 보도하게 해주슈."

아뿔싸, 이거였구나. 사실, 그녀와 내가 사귀고 있다는 것은 이미 기자들도 어느 정도 알고 있는 상황이었는데 암묵적인 '엠바고embargo(기자들의 합의에 따라 일정시점까지 보도를 자제하는 일)'가 형성돼있었다고 한다.

엄 기자가 평소 내게 늘 살갑게 대해주고 바둑에 관련된 기사라면 물불을 가리지 않고 지면을 키워주는 진짜 '바둑마니아'임을 알기에 거절이 어려웠다.

그래서 "난 안 쓰시는 게 더 좋겠는데…. 뭐, 알아서 하세요"라며 그냥 얼버무렸는데, 이튿날 경향신문뿐 아니라 거의 모든 신문에 "이창호, 열애 중"이라는 기사가 떠버렸다. 신문사의 정보원(?)은 사방에 깔려있었고 엄 기자가 기사를 쓰기로 작심하는 순간 엠바고가 자연스럽게 해제된 것이다.

그녀에게도 인터뷰 요청이 들어갈 것 같아서 "나도 당황스럽지만 다 잘될 테니 너무 걱정하지 마라"고 전화해줬는데, 우리의 월하노인月下老人 역을 맡게 된 영삼이 형이 '어떻게 된 거냐?'는 문자를 보내왔다. 나는 쓴웃음을 지으며 짧은 답신을 보내줬다.

'심히 난감'

언론이 인증한 공식커플이 된 뒤 그녀는 마음고생이 컸던 것 같다. 나야 남자인 데다 바둑공부나 승부의 몰입만으로도 머릿속이 꽉 차버려서 세상의 이런저런 얘기에 귀를 기울일 여유가 없었는데 그녀의 처지는 많이 달랐다.

축하와 덕담도 많았지만 좋은 얘기만 전해진 것 같지 않았다. 취재 때문에 많은 곳을 드나들었는데 그때마다 많은 '뒷담화'가 있었다고 한다. 그녀는 2010년 2월, 너무 힘들다며 사이버오로를 그만뒀다. 바둑계의 울타리를 벗어난 그녀는 예전처럼 다시 밝게 웃으며 덜렁대는 명랑소녀로 돌아왔다.

그녀는 검도를 배우고 3급까지 따낼 정도로 씩씩하지만 어느 때 보면 바보 같을 정도로 무르다. 물론, 바보일 리는 없다. 초등학교 3~6학년까지 강릉에서 살았는데 그때 바둑을 배웠고 나중에는 한국기원 연구생 1조까지 올라갔으니 오히려 머리가 좋다고 해야 한다. 그런데도 프로기사가 되기를 순순히 포기한 것은 스스로 독하지 못하다는 것을 잘 알았기 때문인 것 같다. 독하지 못한 정도가 아니라 너무 물러터졌다고 해야 할 정도다.

직장에 다닐 때 볼일이 있어서 차를 가지고 나온 적이 있는데 누군가 뒤에서 그녀의 차를 들이받는 교통사고를 냈다. 경미한 사고였고 다친 곳도 없으니 마음 좋은 사람 같으면 혹시 모를 후유증에 대비해 연락처만 받아두고 그냥 보내줄 수도 있는 일이다.

그런데 그녀는 한술 더 떠서 차를 들이받은 상대에게 "어디 다치신 곳 없으세요? 죄송합니다" 그렇게 사과를 하고 연락처 하나 받아두지 않은 채 고이 보내주었다. 거기서 끝이면 그럴 수도 있겠다 싶은데, 그러고 나서 한동안 목이 아프다며 병원을 다녔다는 게 문제다.

바보 옆에 있는 또 한 명의 바보. 그래도 그런 그녀는 나를 늘 미소 짓게 만들었다.

2010년 10월 15일, 가까운 분에게 자문을 구한 뒤 결혼발표 공식기자회견을 했다. 몸이 불편한 아버지도 있고 나 역시 많은 사람 앞에 서는 일이 거북한 데다 하객을 선별하는 일도 어려워 양가 친지들만 모여 조촐한 결혼식을 치르고 싶었는데, 그분이 "기자회견 자리를 만들고 거기서 자연스럽게 양해를 구하는 게 좋겠다"는 해결책을 주신 것이다.

"바둑계의 특별한 경사"라며 나의 결혼식을 기다리던 기자들은 하나같이 섭섭해 했으나 모두 흔쾌히 나의 마음을 이해해주었다. 고마운 일이다. 바둑관계자 중에서 결혼식장에 모신 분은 선생님 내외가 유일하다. 두 분은 내게 부모님이나 다름없으니까 가족, 친지들만 모시겠다는 약속을 어긴 것은 아니다.

28일 오후 6시 30분, 양가 부모와 친지를 모시고 예식을 치렀다. 하객을 초대하지 않았으니 화환이나 축의금도 일체 사양했는데 나중에 가까운 분들에게 "천하의 이창호에게 축의금 하사하는 즐거움을 박탈당했다"는 기분 좋은 꾸중을 많이 들었다.

실은, 주례도 없었다. 혼인서약 낭독, 예물 교환과 간단한 키스, 그리고 내빈들의 성혼선언문 낭독으로 진행됐는데 부모님께 인사를 드릴 때 눈물이 나왔다. 바둑관계자들에게 이런 모습을 안 보일 수 있어서 다행이다.

그녀는 내게 "신혼여행은 2, 3일 정도만 제주도에 가서 한라산을 같이 오르고 싶다"고 했다. 11살이라는 나이 차이를 거의 느껴본 적은 없지만 그래도 그녀 또래의 신부들은 대부분 세계 여러 나라를 순회하는 달콤한 신혼여행을 꿈꾸며 신랑을 조른다던데 너무 바보 같다.

조촐한 결혼식에 밀리서 축하의 메시지를 보내온 고마운 사람들이 있다. 한때 나의 천적으로 불렸으나 일본에 가거나 해외대국에서 만나면 누구보다 싹싹하게 대해주는 일본의 요다 노리모토 9단은 "빨리 2세를 낳아서 부모님을 기쁘게 해드리기 바란다"며

축하해주었다. 중국의 미남기사 콩지에 9단도 "7살 연상인 이창호 9단은 어렸을 적부터 내 우상이었다. 진심으로 이창호, 이도윤 커플의 결혼을 축하하며 행복하게 백년해로하시길 바란다"며 축하했다.

우리 부부는 온천휴양지로 유명한 일본 이시카와 현 가나자와 시의 고마츠 小松로 3박 4일간의 신혼여행을 다녀온 뒤 강남구 일원동의 한 아파트에 보금자리를 틀었다. 이곳은 작고한 '한국 현대 바둑의 아버지' 조남철 선생이 생전에 살았던 곳이기도 하다.

우리는 얼마전 기자단을 집으로 초대했다. 결혼식에 초대하지 못한 미안함을 대신하는 일종의 집들이였다. 집들이는 동료, 선후배 기사들과 친구들, 양가 친지들까지 모두 일곱 번쯤 한 것 같다.

방 셋에 거실이 하나인 우리 보금자리의 특징은 가구가 단출하고 벽에 액자든 장식이든, 하다못해 벽시계 하나 걸려있지 않다는 것이다.

간단한 뷔페로 식사를 마련했는데 모두 시장했는지 음식 접시를 들고 오가더니 금세 자리를 잡는다. 식사를 하면서 예상했던 고문, 아니 질문이 시작됐다.

"이 국수님에게 요리는 많이 해드리나요?"

날카로운 질문 같지만 살림이 서툰 다른 신부라면 모를까 아내에게는 너무 쉬운 질문이다. 아내는 어리지만 요리에 관해서라면 믿기 어려울 만큼 노련하다.

된장찌개, 김치찌개는 기본이고 돈가스, 청국장, 생태찌개도 먹을 만하게 술술 만들어낸다. 신통하다. 그러고보니 결혼 전에 두어 달인가 요리학원을 다녔다는 말을 들은 것 같기도 하다. 재능이 있나보다.

밥도 결혼하고 나서 처음 해보는 거라던데. 물론 밥은 전기밥솥이 다 알아서 해주지만 그것도 잘 안 되는 신부가 의외로 많다고 들었다. 언젠가 막 결혼한 선배로부터 이런 이야기를 들었다.

"아니, 어떻게 된 게 이놈의 마누라가 맨날 카레라이스만 주는 거야. 내 얼굴 노랗게 변한 거 같지 않냐?"

나는 얼굴이 노랗게 변할 일은 없을 것 같다.

결혼해서 좋은 점은 외롭지 않다는 거다. 늘 내 곁을 지켜주는 사람이 있다는 건 말로만 해서는 잘 모른다. 우리는 함께 하는 게 많다. '우리 취향이 이렇게 비슷했었나?' 하고 깜짝깜짝 놀랄 때가 있다. 부부는 살면서 닮는다는 말이 있다던데 벌써 그런 거라면 좀 징그럽기도 하다.

아무튼 우리는 대국 전날 공부방에 들어가 기보를 놓아볼 때를 제외하고는 TV도 같이 보고 독서도 같이 하고 일본 대지진, 희망버스, 평창 동계올림픽 같은 일상의 화제로 대화도 하고 산책도 같이 다닌다.

식성도 별 차이가 없다. 고기류를 그다지 밝히지 않는다는 것도 비슷하다. 나는 대체로 한식을 좋아하고 채소류를 즐겨 먹는데 아내는 생선초밥과 떡볶이를 좋아한다. 요즘은 가끔 초밥집으로 두 분 어머님을 모시기도 한다.

나이 차는 좀 나는 편이지만, 바둑을 잘 아는 아내와의 대화는 어느새 이심전심, 편안하고 즐겁다. 바둑기사들의 생활에 대해 잘 이해하고 있어, 바둑판을 앞에 둔 나만의 시간을 가지는 것에 대해서도 너그러운 사람이다.

일부 주변사람들은 과거에는 "이창호가 결혼을 하지 않아 안정을 찾지 못한 것 아닌가" 하는 우려를 표현했고, 이제는 "신혼생활에 몰두하다 보니 집중하지 못하는 것 아닌가" 하고 걱정하는 눈치다.

하지만 결혼 여부가 과연 바둑과 상관이 있을까 싶다. 승부는 오직 기사 자신의 기량과 마음가짐에 따른 것이다. 이길 때도 질 때도, 그 책임은 오롯이 나 자신의 몫일 뿐이다.

이런 말을 하면 너무 뻔뻔스럽다고 비난받을지도 모르겠지만, 아내는 꼭 나를 위해 태어난 사람 같다. 결혼한 뒤로도 한동안 성적이 좋지 않아서 마음고생을 많이 한 것 같아 미안했는데 나는 말주변이 없어서 평소 따뜻한 위로 같은 걸 잘 하지 못한다.

동반자companion의 어원은 '빵pan을 같이 먹는 자'라고 한다. 빵은 아니지만, 일상 속에서 함께 밥 먹고 있고, 또 영원히 함께 밥 먹고 싶은 사람. 나의 동반자, 나의 아내다.

나는 스스로 별다른 물욕이 없는 사람이라고 생각하지만, 아내와 함께하는 이 행운만큼은 영원히 잃고 싶지 않다.

그리고 또 하나 내게 소중하고도 행복한 일이 생겼다. 우리 가족도 그렇고 나의 2세에 관한 소식을 기다리는 사람이 많은데, 며칠 전 그 '결혼 후 첫 번째 대망'을 무사히 확인했다.

아내가 아이를 가졌다. 하늘로 날아오를 것 같은 기분이다. 진짜 어른이 됐다는 것, 세상을 다 가진 기분이라는 걸 처음 제대로 느꼈다.

씹어 먹듯 책을 읽다

나는 어린 나이에 프로기사의 길을 걸으면서 대학에 진학하지 않았다. 주로 나보다 연장자와 함께하는 시간이 많다 보니, 어느 순간부터는 동년배들과 어울리는 것이 오히려 어색한 일이 되었다. 사고와 대화의 주제가 너무 동떨어져있으니 점점 소통이 쉽지 않다는 것을 느낄 수밖에 없었다. 그래서 하루는 동생 영호에게 물었다.

"요즘 대학생들은 지식을 어떻게 습득하니? 나도 좀 배워야겠는데…."

"글쎄, 책이나 신문을 보는 것만큼 좋은 게 있겠어?"

동생과의 대화 이후 나는 기보만을 들여다보는 생활에서 벗어나 매일 책과 신문을 가까이 두게 되었다. 특히 역사와 철학에 관련된 책을 좋아하기는 하지만, 중국 고전부터 연애소설까지 장르를 가리지 않는다. 다양한 분야의 지식을 습득하는 것은 사고의 지평을 넓히는 데 많은 도움이 되었다.

물론 득과 실은 함께 온다. 바둑만을 생각하지 않게 되자 바둑 그 자체에 대한 몰입과 집중은 다소 떨어졌지만, 내 삶에 있어서의 바둑, 바둑 밖의 인생, 그리고 결국 바둑으로 통하는 길에 대해 숙고할 수 있는 계기가 되었다.

다만 나의 독서습관은 효율성이 좀 떨어진다. 연초에는 항상 한 해 100권 독파를 목표로 삼지만, 한 권 한 권을 굉장히 더디게 읽는 편이다. 단어나 문장이 이해되지 않으면 다음 줄로 넘어가지 못한다. 두세 줄 읽는 데 5분, 10분이 걸리는 경우도 많다. 같은 문장, 같은 페이지를 읽고 또 읽다 보니 시간이 많이 걸리는, 한없이 느린 '달팽이' 독서법이다.

책을 잘못 골라 재미가 없다고 느낄 때에도 끝까지 읽는다. 고역이지만, 한번 시작하면 끝을 맺어야 마음이 편하다. 주변사람들은 "무슨 책 한 권을 씹어 먹듯이 읽느냐"고 웃기도 한다. 한 지인은 "이창호의 독서는 초식동물의 되새김질 같다"고 비유하기도 했다. 다독多讀에 이르기에는 쉽지 않은 성격인 것 같다.

최근에 읽고 마음에 남았던 책은 루트번스타인 부부가 쓴 『생각의 탄생』이다. 지인으로부터 추천받아 읽기 시작했는데, 무려 450쪽이 넘는 책이라 독파하려면 과연 시간이 얼마나 걸릴지 꽤 부담되었다.

결국 마지막 한 쪽까지 다 읽는 데 한 달이 넘게 걸렸다. 하지만 뒤로 갈수록 더 큰 즐거움으로 몰입할 수 있었다는 점에서 신기하고도 스스로 대견스럽기까지 한 경험이었다.

이 책은 다빈치, 뉴턴, 아인슈타인, 파인먼, 피카소, 괴테, 바흐 등 각 분야에 걸쳐 세계를 이끌어온 천재들의 발상법을 13단계(관찰, 형상화, 추상화, 패턴인식, 패턴형성, 유추, 몸으로 생각하기, 감정이입, 차원적 사고, 모형 만들기, 놀이, 변형, 통합)로 세분화해 설명한다. 창조적 사고가 결코 소수 천재들의 전유물이 아니며, 누구나 체계적인 학습을 통해 창조적 사고를 끌어낼 수 있다는 것이 저자들의 주장이다.

나는 책을 읽으면서 천재들의 창조적 발상과 바둑에서의 수읽기가 통하는 면이 있다고 느꼈다. 다른 분야도 비슷하겠지만 프로 수업(전문교육)을 받은 사람이라면 누구나 체계적인 학습을 통해 창조적 사고를 끌어내는 데 익숙해진다. 물론, 프로가 되었다고 해서 모두 천재인 것은 아니다.

　바둑의 프로들은 '무엇'이라는 대상보다 '어떻게'라는 방법에 주목한다. 한 판의 바둑을 짜나가는 프로들의 수읽기는 이 책이 말하는 생각의 도구 중 패턴인식, 패턴형성, 유추, 통합의 단계와 유사한 구조를 보인다. 바둑판 위에 구현되는 무수한 형태는 기사들의 다양한 창조적 사고의 결과이며, 그것은 책에서 말하는 창조적 사고와 통찰, 지식의 통합과 다르지 않다.

　"패턴 사이의 패턴을 발견하는 것은 어떤 반복적인 순서나 양식에 대한 의문을 제기하고 그 답을 찾아내기 위해, 보고 듣고 느끼는 일"이라는 말이나 "패턴형성에서 인상적인 것은 결합되는 요소들의 복잡성이 아니라 그 결합방식의 교묘함과 의외성"이라는 말, 그리고 "더 많은 패턴을 발명해낼수록 우리는 더 많은 실제 지식을 소유하게 될 것이고 우리의 이해는 더욱 풍요로워질 것"이라는 말은 현대바둑의 수법들이 고대바둑의 수법으로부터 어떻게 발전해왔는지를 설명하는 데 조금도 부족하지 않다.

　또 "유사란, 닮지 않은 사물 사이의 '기능적인 닮음'을 말한다"는 말은 신수新數의 출현으로 변형되는, 그러나 본질적으로 닮을 수밖에 없는 정석의 개량 형태에 관한 설명이라고 해도 전혀 어색하지 않다.

　역사 속에서 문화, 예술의 진화를 주도해온 시대의 천재들이 보여준 발상법은 우리가 평소 사물을 파악하는 데 무의식적으로 활용해온 수많은 생각의 도구와 크게 다르지 않다. 어쩌면 이 책의 가장 큰 미덕은, 오랜 세월 사람들이 무의식적으로 활용해왔던 많은 생각의 도구들을 체계적으로 정리하고 하나하나 명칭을 부여했다는 데 있지 않을까. 다시 말하면 막연한 무의식의 세계에 흩어져있던 생각의 도구들을 확연한 의식의 세계로 끌어냈다는 얘기다.

일일이 다 열거할 수는 없지만 단계를 넘어설 때마다 시대의 천재들이 남긴 촌철살인의 명구들을 음미할 수 있다는 것도 이 책의 또 다른 즐거움이었다.

"당신들은 보고 있어도 보고 있지 않다. 그저 보지만 말고 생각하라. 표면적인 것 배후에 숨어있는 놀라운 속성을 찾으라^{파블로 피카소}."

"내가 하는 일이 핵물리학의 발전에 얼마나 기여하는가는 중요하지 않다. 문제는 그 일이 얼마나 즐겁고 재미있느냐다^{리차드 파인먼}."

좋은 책을 읽고 나면 그 순간 만끽할 수 있는 정신의 쾌감도 상당하지만, 오랫동안 곱씹고 생각할 거리가 많이 생긴다는 점이 커다란 매력이다. 호선바둑에서 덤을 두 배로 받는 것 같은 횡재라고나 할까.

용기는 조심성으로부터

바둑을 만나기 전, 지극히 평범하고 한편으론 둔하기까지 했던 어린 시절, 나에게도 남들이 특별하게 생각한 한 가지 재주가 있었다. 당시 매직큐브^{Rubik's cube}, 즉 여러 가지 색깔로 되어있는 정육면체의 블록을 맞추는 퍼즐놀이가 유행이었는데, 거기에는 어떤 일정한 공식이 있었다. 공식을 알면 어른들의 경우 4~5분 정도 걸리고, 공식을 모르면 시간이 마냥 걸리는 게 보통이었다. 나는 매직큐브를 처음 보았을 때 불과 2분 정도 만에 블록을 맞춰내 어른들을 놀라게 한 적이 있다.

매직큐브는 먼저 한 면을 맞출 때 다음 면을 고려해 둘레의 조각들을 맞춰야 한다. 한 면을 맞추고 나면, 다른 면을 맞출 때는 이미 맞춰진 면을 흩뜨리지 말아야 한다. 이는 정확한 알고리즘^{algorithm}❶에 따라 움직여야 하는 것이다.

어찌 보면 바둑도 절차를 하나씩 점검하고 몇 수 앞을 내다보면서 두어야 하고, 잘 해결된 부분을 다시 무너뜨리지 않도록 해야 한다는 점에서 매직큐브와 공통점이 있다. 바둑에서 기력을 구성하는 가장 중요하면서도 종합적인 능력인 수읽기는 분석력과 판단력, 추리력 등을 바탕으로 가능한 수의 변화를 머릿속에서 그리

---

❶ 유한한 단계를 통해 문제를 해결하기 위한 절차나 방법.

는 것이다.

바둑에는 변수가 수도 없이 많다. 예상하지 못했던 수가 언제든지 나올 수 있고, 단 한 번의 운석이 전체의 판도를 결정하기도 한다. 따라서 바둑을 두는 사람은 언제나 당면한 수가 아닌, 훨씬 나중에 올 수까지 생각한다. 전성기 프로기사들의 경우 단지 서너 수 앞이 아니라 100여 수 앞까지 생각하는 것이다.

아울러 매직큐브와 마찬가지로 바둑에서도 허점虛點은 생길 여지를 미리 막는 것이 가장 좋다. 물론 이미 생긴 균열이라면 그것을 메우는 데 최선을 다해야 할 것이고, 그조차 여의치 않다면 멀찌감치 물러나있거나 역발상으로 이를 이용하는 데 전력해야 할 것이다.

당장의 어려움에서 벗어나고자 대충 덮어두고 잊어버리면 나중에 훨씬 큰 타격으로 돌아온다. 바둑판 위에서 모든 것은 다른 것과 연결되어있다. 홀로 존재하는 것은 무의미하다. 따라서 순간의 결함만 때우는, '눈 가리고 아웅' 식 미봉책彌縫策을 사용하면 언제나 패착으로 귀결된다. 반상 위에서 조심성이 강조되는 이유다.

나의 바둑은 유독 반집승이 많은 편인데, 이 또한 극도의 조심성으로부터 비롯된 것이다.

내제자 시절, 나는 100번 중에 한 번이라도 역전당할 가능성이 있으면 그 판을 크게 이길 수 있어도 그 수를 두지 않았다. 한번은 선생님이 "왜 그 수를 두지 않았냐"고 물었다. 나는 "이 길로 가면 100번 중의 100번을 반집이라도 이길 수 있습니다"라고 대답했다.

'조심操心'을 한자漢字 그대로 뜻풀이하면 '마음을 잡는다'는 의미다. 두려움이 위기에 대한 인식이라면 조심성은 그 인식 이후의 경계하는 마음가짐이다. 겉으로는 유사하게 드러나지만 두려움과 조심성은 크게 다른 것이다.

영국의 대문호 셰익스피어는 이런 말을 남겼다. "용기의 대부분은 조심성이다." 두려움을 극복하는 용기는 조심성으로부터 온다. 조심성이 없으면 결코 일류 승부사가 될 수 없다.

아울러 바둑판 밖에서도 조심성은 중요하다. 이를테면 말조심을 해야 한다. 무분별한 말은 화살이 되어 주변을 상처 입히고 종내는 자기 자신에게로 돌아온다. 사람들은 모두 자신에 관해 말하고 싶어 하지만, 실제 이룰 준비가 되지 않은 상황에서 말을 앞세우면 작게는 기회를, 크게는 신의를 잃는다. 이렇게 책으로나마 나에 대한 이야기를 하는 것을 저어하고, 또 저어하고, 마지막까지 저어했던 이유도 이 때문이다.

글씨는 쓰는 사람을 닮는다

영화 〈와호장룡臥虎藏龍〉을 보면 도입부에서 이런 대사가 나온다.

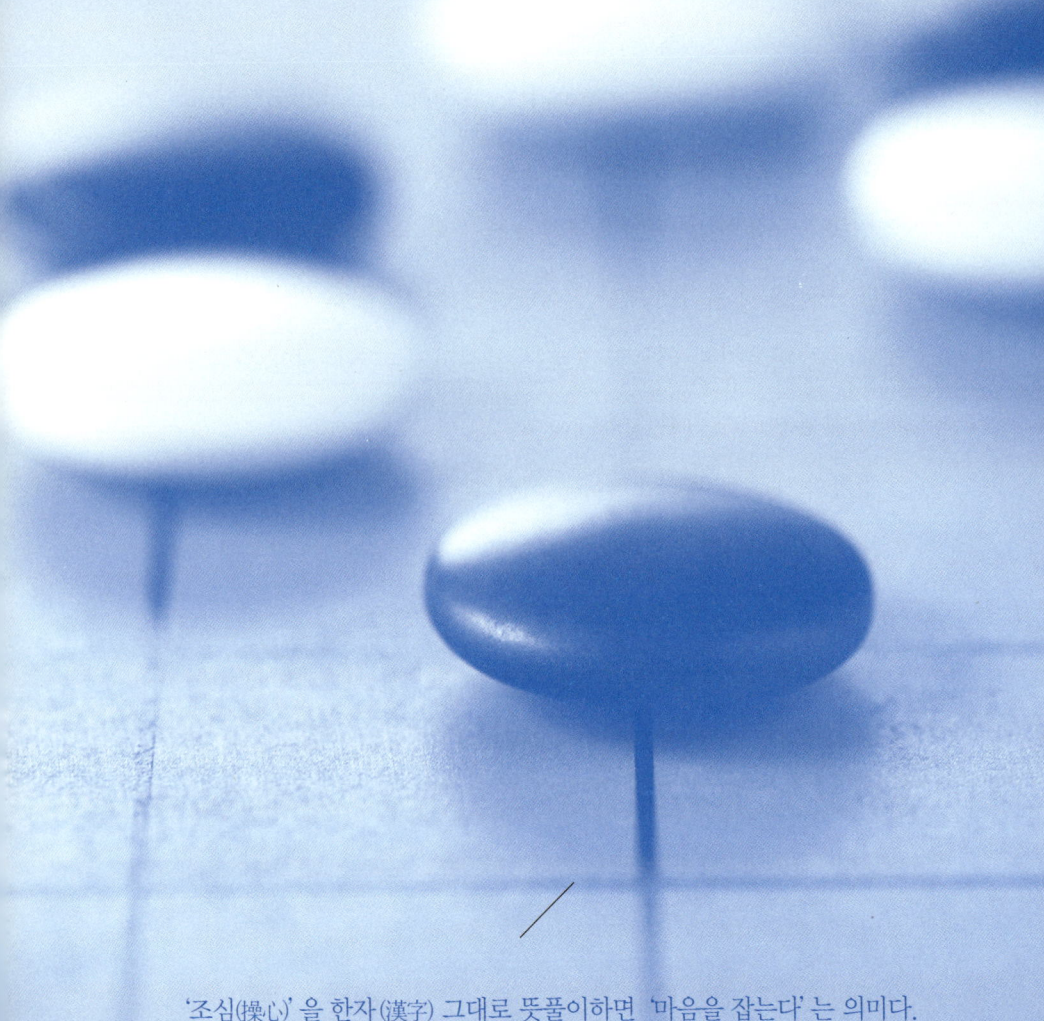

'조심(操心)'을 한자(漢字) 그대로 뜻풀이하면 '마음을 잡는다' 는 의미다.

두려움이 위기에 대한 인식이라면

조심성은 그 인식 이후의 경계하는 마음가짐이다.

겉으로는 유사하게 드러나지만

두려움과 조심성은 크게 다른 것이다.

"글씨는 그 사람의 검을 닮는다지?"

우연한 기회에 세계최강의 여기사 루이나이웨이의 글씨를 보았다. 과연, 그녀의 바둑이 투영된 듯도 했다. 부채에 실린 휘호는 정감도 풍부한 '꿈夢'인데, 그 부드러움 속에서 명치를 찔러오는 것 같은 검의 날카로움이라니!

프로기사들은 바둑판이나 부채 같은 데에 자신이 애용하는 휘호揮毫를 하고 서명을 남긴다. 나의 천적으로 일컬어지는 요다 노리모토 9단이 애용하는 부채의 휘호를 봐도 그 정신의 일면을 엿볼 수 있다. '이치고이치에一期一會', 다시 오지 않을 단 한 번의 기회.

타이틀 보유자가 된 뒤로 나에게도 이런저런 행사에서 서명이나 수결을 해야 할 일이 많아졌다. 행사에 초청되는 프로기사라면 모두 해온 관례라니 나도 하긴 해야겠는데, 나는 어린 시절부터 바둑에만 몰두해왔기 때문에 휘호를 할 만한 붓글씨 공부가 돼있지 않았고, 또 어떤 문구를 택해야 할지도 막막했다.

고민 끝에 한국기원 기전사업팀 하훈희 부장님을 찾아갔다. 하 부장님은 대만유학을 다녀와 대일외고에서 중국어를 가르친 교사 출신으로 바둑계 최고의 '중국통'으로 꼽힌다. 또 중국문학을 전공한 데다 평소 붓글씨를 즐기는 서예가이기도 하고 사람까지 좋아서 나의 고민을 해결해줄 거라고 생각했다.

과연 하 부장님은 기대한 대로 얘기를 듣자마자 단숨에 고전古典

의 명문 수십을 내 앞에 주르륵 늘어놨다. 그 중에서 고르라는 것이었다. 좋은 문구가 많았지만 마지막까지 내 눈을 떠나지 않은 글씨는 바로, 誠意(성의)였다.

이제 제대로 쓰는 연습을 해야 했다. 한동안 제법 끙끙거리며 꽤 많이 연습했는데도 자꾸 못생긴 글씨만 그려졌다. 새삼스럽지도 않다. 나는 바둑을 제외한 모든 부분에서 '재주가 메주'니까. 그게 내 붓글씨의 본바탕인 것 같았다. 마음에 차지 않았지만 쓰고 또 쓰고, 많은 사람들에게 건네주다 보니 나름의 틀이 생겼다.

언젠가 내가 쓴 글씨를 보니 어쩐지 어수룩한 그 모양이 바둑 이외의 내 모든 생활과 비슷한 것 같아서 웃음이 났다. 하지만 그건 또 그것대로 괜찮다는 생각이 들었다. 누군가에게 '나'를 건네주는데 그 모양이 나를 닮았다면 어쨌든 나의 마음을 제대로 전한 것이니까. 글씨 그대로 '정성의 뜻'을 담았으니까. 다행히도 많은 분들이 투박한 내 휘호를 보고 "이창호답다"고 해주시니 그 또한 고맙고 행복한 일이다.

돌이켜보면 하 부장님이 많은 문구를 보여주시던 그날, 유독 '誠意'가 내 눈을 떠나지 않은 이유는 돌아가신 할아버지의 마음이 와 닿았기 때문인 것 같다. 어린 시절의 나를 자전거에 태우고 성지를 순례하는 성자처럼 동네 기원을 돌곤 하던 할아버지는 誠意 그 자체였다. 무엇인가를 얻으면 반드시 그 이상의 것을 돌려주었고 누구에게나 정성을 다했다. 성심을 다해 신의를 지키는 삶. 할아버지의 그 마음이 나도 모르는 사이에 아버지의 마음을 거쳐 어느 순간 나의 마음까지 깃든 것 같다.

1인자의 자리는 잠시 머무를 수 있어도 영원히 지킬 수는 없는 것이다. 그렇지만 할아버지의 마음으로 이어진 誠意만은 언제까지라도 내 마음에 새겨져있을 것이라 다짐한다.

나에게는 아직도 다다라야 할 바둑의 경지가 한참이나 남아있다.

중국 송나라의 학자 장의張擬가 저술한 『기경棋經』을 보면, 바둑 기량의 품격을 아홉 단계로 나누어 다음과 같이 기술하고 있다.

위기구품 圍棋九品

1. 수졸守拙 – 9품 : 어리석게나마 지킬 줄 아는 실력을 갖춘 단계
2. 약우若愚 – 8품 : 어리석기는 하나 바둑을 둘 줄 아는 단계
3. 투력鬪力 – 7품 : 싸우는 힘이 생겨 바둑을 힘 있게 둘 수 있는 단계
4. 소교小巧 – 6품 : 작은 기교를 부릴 줄 아는 단계
5. 용지用智 – 5품 : 지혜로움이 엿보이는 바둑을 두는 단계
6. 통유通幽 – 4품 : 심오한 바둑의 세계에 들어가 바둑을 두는 단계
7. 구체具體 – 3품 : 바둑의 근간을 구체적으로 익힌 단계

> 8. 좌조坐照 - 2품 : 앉아서 바둑의 세계를 관조하는 단계
> 9. 입신入神 - 1품 : 신의 경지에 들어가서 바둑을 두는 단계

비록 나는 공식적으로 9단의 품계를 갖고 있지만, 위기구품의 구분에 의하자면 후하게 쳐야 5품쯤 되지 않을까 싶다.

지난 날, 나는 한 전화인터뷰에서 이런 질문을 받은 적이 있다.

"바둑을 무엇이라고 생각합니까?"

당시 나는 이렇게 대답했다.

"…끝없이 먼 길을 가는 거라고 생각합니다."

그때의 생각은 지금도 여전하다.

나의 바둑은 아직도 완성되지 않았다. 그리고 완성이라는 게 가능한지도 잘 모르겠다.

바둑이란 '신神의 한 수'를 향한, 끝없는 완성에의 추구다.

나는 스스로 원하고 선택한 길을 끝없이 걸어왔고, 스스로 마감을 결정할 때까지 이 여정은 계속될 것이다.

아직 끝나지 않은 승부

　어제의 승리는 잊고 오늘의 승부에 집중하는 것이 프로기사의 숙명일진대, 와신상담과 절차탁마를 새겨야 할 승부의 원점에 서서 과거의 영광을 떠올린다는 것 자체가 나에게는 너무나 면구한 시도였다.
　거기다 '바둑 두는 사람이 바둑이나 두면 되지, 책까지 낸다는 것은 외도外道 아닌가' 싶었던 것도 사실이다. 하지만 수년간 지속적으로 이어진 출판사의 제의와 '바둑의 저변 확대를 위한 기여'라는 명분 앞에 언제까지나 거절할 수도 없었다.
　아는 사람은 다 알겠지만 나의 눌변과 졸필은 타고난 것이라, 띄엄띄엄 한 마디씩 던지고 끄적끄적 몇 문장씩 쓰고 무의식의 밑

바닥에 있던 기억을 겨우겨우 건져 올렸다. 그런 누더기 같은 결과물을 독자들이 무리 없이 읽을 수 있도록 조각조각 짜맞춰주고 다듬어준, 나보다 더 나를 잘 아는 사이버오로의 손종수 상무님께 감사한다. 전성기의 내 모습을 미사여구로 묘사한 부분에 처음에는 몸 둘 바를 모르게 불편하기도 했지만, 그 또한 나에 대한 깊은 애정을 보여준 것이니 불평할 처지는 아니었다.

한국바둑의 관전기 수준을 한 차원 끌어올렸다는 평가를 받는 박치문 중앙일보 전문위원께도 감사한다. 화려한 필치로 수많은 바둑팬들을 매료시킨 박 위원은 나에 관한 책을 가장 많이 썼다. 책마다 분에 넘치는 칭찬일색이어서 가끔 누군가 그 책들에 실린 내용을 이야기하면 얼굴이 붉어진다. 또한 조선일보 이홍렬 기자부터 경향신문 엄민용 기자까지, 일일이 열거하지 못함을 이해해 주기 바라며 각 신문 바둑전문기자들과 인터넷 바둑사이트의 기자들께도 감사한다.

아울러 선후배 및 동료 기사, 바둑관계자와 바둑저널, 후원사, 그리고 수많은 팬들의 칭찬과 기대가 이창호라는 기사를 만들었다. 그 모든 분들께 감사한다. 그리고 보잘것없는 나의 기록에 관심 가져준 독자 제위에게 지면을 빌어 다시 한 번 머리 숙여 감사의 말씀을 전한다.

마지막으로 바둑교실의 문을 기웃거리는 수많은 어린이들에게

"설렘 가득한 너의 그 얼굴이 30년 전 나의 얼굴이며, 노력을 이기는 재능은 어디에도 없다"는 미력한 당부 또한 해주고 싶다.

고대 그리스의 철학자 헤라클레이토스는 "같은 강물에 발을 두 번 담글 수 없다"는 말로 시간을 돌이킬 수 없음을 설파했다. 나는 분명 변화했고, 또 앞으로도 변화해야만 한다. 지금 내 앞이 커다란 산으로 막혀있다면 길을 찾아내거나, 아니면 반드시 길을 만들 것이다.

"지금 싸우고 있는 자는 질 수도 있다. 하지만 싸우지 않는 자는 이미 졌다"는 말도 있다. 나는 아직 승부를 포기하지 않았고, 단기적인 승부 그 이상의 목표로 나아가기 위해 스스로를 채찍질할 것이다.

나는 결코 나 자신의 한계를 인정하지 않을 것이다. 나는 반상의 승부를 멈추지 않을 것이다.

이창호

이창호 개인타이틀 획득 및 주요기록

1975년 전북 전주 이재룡(李在龍), 채수희(蔡壽姬)의 차남으로 출생
1981년 할아버지 이화춘(李花春) 옹에 의해 바둑 입문
1983년 해태배 어린이바둑대회 16강(최연소 장려상)
1984년 어깨동무바둑왕전 우승

조훈현 9단, 3점 지도기 후 내제자 허락

1986년 사상 두 번째 최연소 입단(11세)
1989년 KBS 바둑왕전 우승(최연소 국내타이틀 획득 기록)
1990년 최고위, 신왕, 국수 획득
1991년 대왕, 최고위, 왕위, MBC 제왕, 박카스배, 명인 획득
1992년 동양증권배(최연소 세계타이틀 획득), 대왕, 최고위, 비씨카드배, MBC 제왕, 명인, 박카스, KBS 바둑왕 획득
1993년 동양증권배, 기성, 대왕, SBS 연승바둑, 비씨카드배, MBC 제왕, 박카스배, 명인, 국수, 국기, 배달왕 획득
1994년 기성, 패왕, SBS 연승바둑, 최고위, 기왕, 비씨카드배, 명인, 국수, 국기 획득
1995년 TV바둑아시아선수권, KBS 바둑왕, 배달왕, 대왕, 기성, 패왕, SBS 연승바둑, 최고위, 비씨카드배, 기왕, 명인, 국수, 국기 획득. 프로1호 공익근무
1996년 동양증권배, 후지쯔배, TV바둑아시아선수권, 배달왕, 대왕, 최고위, 왕위, 명인, 천원, 국기, 국수 획득. 세계바둑최강전 우승(이벤트대회)

1997년 LG배, 삼성화재배, 대왕, 기성, 최고위, 비씨카드배, 왕위, 테크론배, 천원, 국수 획득

1998년 동양증권배, 후지쯔배, 배달왕, 대왕, 기성, 최고위, 왕위, 명인, 테크론배, 천원 획득. 공익근무 소집해제

1999년 LG배, 삼성화재배, KBS 바둑왕, 최고위, 왕위, 명인, 천원 획득

2000년 삼성화재배, 기성, 왕위, 명인 획득

2001년 응씨배, LG배, LG정유배, 기성, 패왕, 왕위, KBS 바둑왕, 명인 획득

2002년 TV바둑아시아선수권, 기성, 국수, 패왕, 왕위, 명인, KBS 바둑왕 획득

2003년 도요타덴소배, 춘란배, LG정유배, 국수, 기성, 왕위, 명인 획득

2004년 LG배, 왕위, LG정유배, KBS 바둑왕, 타이다배(이벤트대회) 획득

2005년 춘란배, 전자랜드배, 왕위, KBS 바둑왕 획득

2006년 원익배 십단, 국수, 전자랜드배, 왕위 획득

2007년 왕위, KBS 바둑왕, 중환배 획득

2008년 십단, 전자랜드배 획득

2009년 KBS 바둑왕, 하이원리조트배 명인 획득

2010년 KBS 바둑왕, 국수 획득

이창호의 不得貪勝

초판 1쇄 발행 | 2011년 8월 24일
초판 9쇄 발행 | 2025년 4월 30일

지은이 | 이창호

발행인 | 홍은정

주   소 | 경기도 파주시 심학산로 12, 4층 401호
전   화 | 031-839-6800
팩   스 | 031-839-6828

발행처 | ㈜한올엠앤씨
등   록 | 2011년 5월 14일
이메일 | booksonwed@gmail.com

* 책읽는수요일, 라이프맵, 비즈니스맵, 생각연구소, 지식갤러리, 스타일북스는
  ㈜한올엠앤씨의 브랜드입니다.